動画で完全マスター！

小学生のミニバス「オフェンス」

得点力を高める50のコツ

メイツ出版

この本の使い方

この本《ほん》では、ミニバスのシュートを中心《ちゅうしん》に、オフェンスのテクニックを紹介《しょうかい》しています。基本的《きほんてき》な技術《ぎじゅつ》からドリブルやフェイントと組《く》み合《あ》わせてゴールを狙《ねら》うテクニックまで、さまざまな種類《しゅるい》を順序《じゅんじょ》良《よ》く身《み》につけることができます。またチームプレーで攻撃《こうげき》するテクニックや、オフェンスのスキルを高《たか》める練習《れんしゅう》も知《し》ることができるので、得点能力《とくてんのうりょく》がアップします。

最初《さいしょ》から読《よ》み進《すす》めることが理想《りそう》ですが、「ここが気《き》になる」「どうしてもマスターしたい」項目《こうもく》があれば、そこだけをピックアップすることもできます。ページに表示《ひょうじ》されている二次元《にじげん》コードを読《よ》みとることで、お手本《てほん》の動画《どうが》もチェックできます。参考《さんこう》にしてテクニックをマスターしてください。

動画《どうが》をCHECK!

二次元《にじげん》コードつきのテクニックは、二次元《にじげん》コードをスマートフォンやタブレットなどの端末《たんまつ》で、読《よ》みとることでコツと関連《かんれん》する動画《どうが》を視聴《しちょう》できる。

パート1
コツ02
レベル
セットシュート（両手《りょうて》）
ヒジとヒザを動《うご》かし両手《りょうて》でシュート
正面《しょうめん》にボールを置《お》いた状態《じょうたい》からスタート。
うまくなるポイント！
12

うまくなるポイント！

気《き》をつけるべきポイントや悪《わる》い例《れい》、スムーズに身《み》につけるための方法《ほうほう》をアドバイスしている。

タイトル

テクニックの名前《なまえ》やレベル、身《み》につけられる技術《ぎじゅつ》が一目《ひとめ》でわかるようになっている。

コツ！
上達《じょうたつ》するためのコツを、写真《しゃしん》と文章《ぶんしょう》で紹介《しょうかい》している。

ココが伸《の》びる！
マスターすることで上達《じょうたつ》する部分《ぶぶん》や、試合《しあい》で使《つか》うと効果的《こうかてき》な場面《ばめん》などを紹介《しょうかい》している。

Omitaka
6
シュートし終《お》わったら、
フォロースルーをとる。
コツ！
ヒジとヒザをゴールへ伸《の》ばし、
手首《てくび》のスナップでリリース。

手首《てくび》のスナップを使《つか》ってコントロール

フリースローラインに立《た》ち、ゴールと正対《せいたい》します。本来《ほんらい》はボールを持《も》ってシュートしますが、**テクニックを身《み》につける段階《だんかい》では正面《しょうめん》に置《お》いた状態《じょうたい》からはじめます。**これにより、体《からだ》を伸《の》び上《あ》がらせてシュートするフォームを効率《こうりつ》的《てき》にマスターすることができます。

ヒザを曲《ま》げて体《からだ》を沈《しず》み込《こ》ませ、ボールを左右《さゆう》から両手《りょうて》で持《も》ちます。低《ひく》い姿勢《しせい》からゴールに向《む》けて、ヒジとヒザを伸《の》ばします。手首《てくび》を返《かえ》してボールを投《な》げ、シュートしたあとはフォロースルーをとります。打《う》ち終《お》わりの姿勢《しせい》をキープすることで、がアップします。

13

解説文《かいせつぶん》
テクニックについての知識《ちしき》、マスターするための体《からだ》やボールの動《うご》かし方《かた》を紹介《しょうかい》している。

※二次元コードについては、お手持ちのスマートフォンやタブレット端末バーコードリーダー機能、または二次元コード読み取りアプリ等をご活用ください。
※機種ごとの操作方法や設定等に関するご質問には対応しかねます。その他、サーバー側のメンテナンスや更新等によって、当該ウェブサイトにアクセスできなくなる可能性もあります。ご了承ください。
※ YouTube の視聴には、別途通信料等がかかります。また、圏外でつながらないケースもあります。
※本動画の権利は株式会社ギグに属します。再配布や販売、営利目的での利用はお断りします。

PART3 コンビネーションシュート

※本書は2019年発行の『もっとシュートが決まる！小学生のミニバス オフェンス 上達のポイント50』を基に、新たに動画コンテンツの付与と、内容の確認と必要な修正、書名・装丁の変更を行い新たに発行したものです。

コツ 01

レベル ★☆☆

オフェンス上達《じょうたつ》の秘訣《ひけつ》

個人《こじん》スキルを身《み》につけて1対《たい》1を制《せい》する

2015年《ねん》にJBAによる「15歳以下《さいいか》でのマンツーマンディフェンス推進《すいしん》」がはじまり、これからのミニバスでは試合《しあい》のあらゆる局面《きょくめん》で1対《たい》1が重視《じゅうし》されています。

勝《か》つためには相手《あいて》を抜《ぬ》き去《さ》って、ゴールを決《き》めるオフェンスの個人《こじん》スキルを身《み》につけることが大切《たいせつ》です。ディフェンスとの勝負《しょうぶ》を制《せい》する実戦的《じっせんてき》なテクニックを理解《りかい》して、レベルアップを目指《めざ》しましょう！

2015年《ねん》より15歳以下《さいいか》はマンツーマンを推進《すいしん》

2015年《ねん》にJBA（日本《にほん》バスケットボール協会《きょうかい》）が、「15歳以下《さいいか》でのマンツーマンディフェンス推進《すいしん》」の計画《けいかく》を打《う》ち出《だ》しました。これには空《くう》間《かん》を守《まも》るゾーンディフェンスではなく、**選手同士《せんしゅどうし》が1対《たい》1で対峙《たいじ》するマンツーマンディフェンスを主流《しゅりゅう》にすることで日本《にほん》バスケット全体《ぜんたい》のレベルを高《たか》める意図《いと》があります。**プレーヤーとしての基礎《きそ》を築《きず》く若《わか》い年代《ねんだい》は戦術面《せんじゅつめん》よりスキル面《めん》を重視《じゅうし》するべきで、FIBA（国際《こくさい》バスケットボール連盟《れんめい》）がミニバスでのゾーンディフェンスを禁止《きんし》していることもあり、世界基準《せかいきじゅん》に合《あ》わせて競技力《きょうぎりょく》を底上《そこあ》げしようという試《こころ》みになります。

ミニバスではほとんどのチームがゾーンディフェンスを採用《さいよう》していることもあり、マンツーマンディフェンスへの移行《いこう》は容易《ようい》ではありません。審判《しんぱん》のジャッジも難《むずか》しくなりますし、指導者《しどうしゃ》の養成《ようせい》も必要《ひつよう》になるでしょう。しかし時間《じかん》がかかったとしても計画《けいかく》は確実《かくじつ》に進《すす》んでいきますので、**これからはマンツーマンディフェンスを前提《ぜんてい》として練習《れんしゅう》に取《と》り組《く》んでいくことが大切《たいせつ》です。**

スペースを意識《いしき》してドリブルの突破力《とっぱりょく》を高《たか》める

子《こ》どもたちを指導《しどう》する際《さい》に重視《じゅうし》しているのは個人《こじん》スキル、とりわけドリブルに長《なが》い時間《じかん》を割《さ》いています。

ドリブルはある程度《ていど》の技術《ぎじゅつ》があれば小学生《しょうがくせい》にとって最《もっと》もミスの少《すく》ないプレーであり、パスに比《くら》べてボールをカットされることもあまりありませんので、スタートで身《み》につける技術《ぎじゅつ》として最適《さいてき》なのです。

私《わたし》はドリブルでは、〝スペース〟を意識《いしき》するように指導《しどう》しています。この言葉《ことば》はパス&カットやスクリーンなどといった複数人《ふくすうにん》の動《うご》きで、コート内《ない》にノーマークを作《つく》るといった意《い》味《み》で使《つか》われることが多《おお》いですが、1対《たい》1の場面《ばめん》においてもスペースが重《じゅう》要《よう》になるのです。

スピードだけのドリブルでは、相《あい》手《て》に読《よ》まれてとめられてしまいます。では、どのようにしかければ良《よ》いのか？　有効《ゆうこう》なのは、テクニックやフェイントを用《もち》いてディフェンスの重《じゅう》心《しん》を動《うご》かし、間合《まあ》いが広《ひろ》がったスキをつく方法《ほうほう》です。**左右《さゆう》、前後《ぜんご》に振《ふ》ることで相手《あいて》と自分《じぶん》の間《あいだ》にスペースを作《つく》り、空《あ》いたところから抜《ぬ》けば、ディフェンスを突破《とっぱ》することができます。**

試合《しあい》では何度《なんど》もディフェンスとの1対《たい》1の場面《ばめん》があるので、ワンパターンにならずさまざまな方法《ほうほう》で抜《ぬ》ける技術《ぎじゅつ》が必要《ひつよう》です。より多《おお》くのテクニックを身《み》につけて、ドリブルのバリエーションを増《ふ》やしましょう。**練《れん》習《しゅう》する際《さい》にはディフェンスを抜《ぬ》くことばかりでなく、突破《とっぱ》からシュートに至《いた》るまでのイメージをすることが大切《たいせつ》です。**得点《とくてん》につながる一連《いちれん》のプレーを素早《すばや》く高精度《こうせいど》で行《おこな》えれば、ゴールゲッターへと成長《せいちょう》できます。

意欲《いよく》を持《も》って練習《れんしゅう》に取《と》り組《く》み 目指《めざ》せ日本代表選手《にほんだいひょうせんしゅ》

私《わたし》が指導《しどう》したなかには、日本代表《にほんだいひょう》に選出《せんしゅつ》された選手《せんしゅ》もいます。そういった選手《せんしゅ》は、子《こ》どもの頃《ころ》から意欲《いよく》を持《も》っていました。練習《れんしゅう》は基本的《きほんてき》にチーム全体《ぜんたい》で行《おこな》いますが、たとえばあるドリブルテクニックでコートを往復《おうふく》する練習《れんしゅう》をするとして、普通《ふつう》の選手《せんしゅ》は一度《いちど》やったらすぐに列《れつ》の後《うし》ろに入《はい》って次《つぎ》を待《ま》ちます。

しかし意欲《いよく》のある選手《せんしゅ》は、納得《なっとく》できなかったらやり直《なお》したり、自主的《じしゅてき》に練習《れんしゅう》したりと、ただ言《い》われたことをこなすだけではなく、上達《じょうたつ》する方法《ほうほう》を考《かんが》えながら取《と》り組《く》むのです。

皆《みな》さんにも、〝考《かんが》える〟ことを徹底《てってい》してミニバスに取《と》り組《く》んでもらいたいです。**バスケットは状況判断《じょうきょうはんだん》が求《もと》められるスポーツなので、練習《れんしゅう》からいつも考《かんが》えることを意識《いしき》して、判断力《はんだんりょく》を養《やしな》ってください。**また、考《かんが》えることで練習《れんしゅう》の効果《こうか》や身《み》につく技術《ぎじゅつ》の使《つか》い道《みち》がわかれば、フットワークなどのボールを使《つか》わない土台作《どだいづく》りの練習《れんしゅう》でも集中《しゅうちゅう》できるようになるので、もっと上達《じょうたつ》してプレーすることが楽《たの》しくなるでしょう。日本代表選手《にほんだいひょうせんしゅ》を目指《めざ》して、どんどんバスケットに熱中《ねっちゅう》してください。

PART 1
シュートテクニック

コツ02
レベル ★☆☆

ヒジとヒザを動《うご》かし両手《りょうて》でシュート

セットシュート（両手《りょうて》）

ここが伸びる

ミニバスでは、ゴールまでボールを届《とど》かせやすい両手《りょうて》でのセットシュートが主流《しゅりゅう》。まっすぐ正面《しょうめん》にコントロールできるようになれば、ゴールを狙《ねら》う基本的《きほんてき》な技術《ぎじゅつ》を身《み》につけることができる。

動画をチェック

体《からだ》を沈《しず》み込《こ》ませて、胸《むね》の前《まえ》までボールを上《あ》げる。

コツ！ 正面《しょうめん》にボールを置《お》いた状態《じょうたい》からスタート。

うまくなるポイント！

親指《おやゆび》が「八《はち》」になるように持《も》つ

正面《しょうめん》に置《お》いたボールを持《も》つ際《さい》には、両手《りょうて》で左右《さゆう》からかぶせるようにします。このとき、両親指《りょうおやゆび》が漢字《かんじ》の「八《はち》」になるように動作《どうさ》しましょう。そのほかの指《ゆび》は自然《しぜん》に開《ひら》いて、左右対称《さゆうたいしょう》に持《も》ちます。

シュートし終《お》わったら、フォロースルーをとる。

コツ！ ヒジとヒザをゴールへ伸《の》ばし、手首《てくび》のスナップでリリース。

手首《てくび》のスナップを使《つか》ってコントロール

　フリースローラインに立《た》ち、ゴールと正対《せいたい》します。本来《ほんらい》はボールを持《も》ってシュートしますが、**テクニックを身《み》につける段階《だんかい》では正面《しょうめん》に置《お》いた状態《じょうたい》からはじめます。**これにより、体《からだ》を伸《の》び上《あ》がらせてシュートするフォームを効率《こうりつ》的《てき》にマスターすることができます。

　ヒザを曲《ま》げて体《からだ》を沈《しず》み込《こ》ませ、ボールを左右《さゆう》から両手《りょうて》で持《も》ちます。低《ひく》い姿《し》勢《せい》からゴールに向《む》けて、ヒジとヒザを伸《の》ばします。手首《てくび》を返《かえ》してボールを投《な》げ、シュートしたあとはフォロースルーをとります。打《う》ち終《お》わりの姿勢《しせい》をキープすることで、コントロール精度《せいど》がアップします。

コツ03
レベル ★☆☆

セットシュート（片手《かたて》）

ボールを高《たか》い位置《いち》から片手《かたて》でシュートする

ここが伸びる

中学生以上《ちゅうがくせいいじょう》のバスケットでは、片手《かたて》でのセットシュートが基本《きほん》になるので、高学年《こうがくねん》になったら、片手《かたて》でゴールを狙《ねら》う練習《れんしゅう》をしよう。両手《りょうて》より高《たか》い位置《いち》からシュートすることがポイントだ。

動画をチェック

コツ！ ボールを持《も》ち上《あ》げ、額《ひたい》の上《うえ》にセットする。

両手《りょうて》シュートと同様《どうよう》に、正面《しょうめん》にボールを置《お》いて行《おこな》う。

うまくなるポイント！

利《き》き手《て》で上《うえ》からかぶせるように持《も》つ

ボールは利《き》き手《て》を上《うえ》からかぶせ、逆《ぎゃく》の手《て》は横《よこ》からつけます。そのまま持《も》ち上《あ》げると、自然《しぜん》と利《き》き手《て》の上《うえ》に乗《の》せることができます。ボールをやや利《き》き手側《てがわ》に寄《よ》せると、動作《どうさ》しやすいでしょう。

コツ!
ヒジとヒザを伸《の》ばして伸《の》び上《あ》がり、
ワンハンドでシュート。
ゴールの方向《ほうこう》に指先《ゆびさき》を向《む》けて
フォロースルー。

利《き》き手《て》で押《お》し出《だ》すように ゴールを狙《ねら》う

ワンハンドのセットシュートでも、ボールを正面《しょうめん》に置《お》いた状態《じょうたい》からシュートするとフォームを効率的《こうりつてき》に身《み》につけられます。肩幅程度《かたはばていど》の広《ひろ》さで足《あし》を開《ひら》いた体勢《たいせい》からヒザを曲《ま》げてボールをつかみ、持《も》ち上《あ》げて額《ひたい》の上《うえ》にセットします。**このとき、ボールは利《き》き手《て》の上《うえ》に乗《の》せて逆《ぎゃく》の手《て》は横《よこ》から軽《かる》く添《そ》えます。**

ヒジとヒザを伸《の》ばして、利《き》き手《て》の手《て》首《くび》のスナップでボールを押《お》し出《だ》します。ゴールの方向《ほうこう》に指先《ゆびさき》を向《む》けて、シュートすることがポイントです。リリースのタイミングでジャンプするとより高《たか》い位置《いち》からシュートできて有効《ゆうこう》ですが、バランスを崩《くず》してしまう場合《ばあい》は足《あし》をつけたままでもOKです。

コツ04

レベル ★☆☆

ジャンプシュート

実戦的《じっせんてき》なミドルレンジのシュートを習得《しゅうとく》

ここが伸びる

セットシュートは、試合《しあい》ではフリースローの場面以外《ばめんいがい》あまり使《つか》えない。シュートブロックをよけられるジャンプシュートをマスターして、中距離《ちゅうきょり》からゴールを決《き》めよう。

動画をチェック
コツ!
ジャンプと同時《どうじ》にボールを額《ひたい》にセットする。
セットシュートと同《おな》じようにボールを持《も》って構《かま》える。

うまくなるポイント!

腕《うで》や体《からだ》の軸《じく》が曲《ま》がるのはダメ

まっすぐ動作《どうさ》しなくては、ボールを正確《せいかく》にコントロールできません。空中《くうちゅう》で体《からだ》の軸《じく》が曲《ま》がったり、腕《うで》の方向《ほうこう》がゴールからそれるとミスしてしまうので、シュートフォームを確認《かくにん》しながら練《れん》習《しゅう》しましょう。

腕《うで》を上《あ》げたまま着地《ちゃくち》して、
フォロースルーをとる。
コツ!
真上《まうえ》にジャンプし
一番高《いちばんたか》いところでリリースする。

ジャンプしてタイミング良《よ》くシュート

空中《くうちゅう》でセットシュートを行《おこな》うジャンプシュートは、コートに足《あし》がついていない状態《じょうたい》でも正《ただ》しくフォームを行《おこな》える技術《ぎじゅつ》が求《もと》められます。ゴールに体《からだ》の正《しょう》面《めん》を向《む》け、ヒザを曲《ま》げて重心《じゅうしん》を落《お》とし、構《かま》えの姿勢《しせい》をとります。**ジャンプと同《どう》時《じ》にボールを持《も》ち上《あ》げ、額《ひたい》にセットしましょう。**

リリースは、ジャンプの一番高《いちばんたか》いところで行《おこな》います。タイミングが早《はや》すぎると高《たか》い位置《いち》からシュートできず、ディフェンスにブロックされやすくなるので、タイミング良《よ》く動作《どうさ》しましょう。手首《てくび》のスナップを利《き》かせてボールに逆回転《ぎゃくかいてん》をかけると、コントロール精《せい》度《ど》が上《あ》がります。

コツ05

レベル ★★☆

バックボードを活用《かつよう》してゴールを狙《ねら》う

バンクシュート

動画をチェック

ここが伸《の》びる

バックボードの跳《は》ね返《かえ》りでゴールするテクニックをバンクシュートという。ゴールリングを狙《ねら》うよりも的《まと》が大《おお》きいため成功率《せいこうりつ》が高《たか》く、プレッシャーがある状況《じょうきょう》でもシュートを決《き》められる。

うまくなるポイント！

内側《うちがわ》のワクの角《かど》が狙《ねら》い目《め》

左《ひだり》45度《ど》からのシュートのバックボードにボールを当《あ》てる位置《いち》は、内側《うちがわ》のワクの手前《てまえ》側《がわ》の角《かど》がセオリー。しかしシュートする位置《いち》やスピード、回転《かいてん》によって変化《へんか》するので、遠目《とおめ》からならやや上《うえ》を狙《ねら》うなど調整《ちょうせい》が必要《ひつよう》です。

45度《ど》の位置《いち》からシュートをする

バンクシュートはバックボードを活《かつ》用《よう》するテクニックであり、ゴールと角《かく》度《ど》のある位置《いち》からのシュートがセオリーです。まずはペイントエリア内《ない》のゴールから45度《ど》くらいの位置《いち》で練習《れんしゅう》すると良《よ》いでしょう。フォームはジャンプシュートと同様《どうよう》で、**ゴールリングに対《たい》して体《からだ》の正面《しょうめん》を向《む》けることが重要《じゅうよう》なポイントとなります。**とっさの場面《ばめん》でも、しっかりとゴールの方向《ほうこう》に体勢《たいせい》を整《ととの》える習慣《しゅうかん》をつけることが大切《たいせつ》です。

目標《もくひょう》はバックボードとなるため、ゴールリングを狙《ねら》うよりもやや強《つよ》めにシュートすることができます。しかし強《つよ》すぎると弾《はじ》かれるので、放物線《ほうぶつせん》を描《えが》くイメージを持《も》ちます。

コツ06

レベル ★☆☆

レイアップシュート

ゴール下《した》に入《はい》り高《たか》い位置《いち》でリリース

ここが伸《の》びる

レイアップシュートはランニングシュートの基本《きほん》で、ゴール下《した》でジャンプしてリリースするテクニック。成功率《せいこうりつ》の高《たか》さが特徴《とくちょう》で必《ひっ》須《す》の技術《ぎじゅつ》となる。両方《りょうほう》の手《て》でシュートできるとより効果的《こうかてき》だ。

動画をチェック

ドリブルで進《すす》み、ボールを持《も》って一歩目《いっぽめ》を踏《ふ》み込《こ》む。

ゴール下《した》で二歩目《にほめ》を踏《ふ》み込《こ》み、ジャンプの準備《じゅんび》をする。

うまくなるポイント!

シュートする腕《うで》のヒジをまっすぐ伸《の》ばす

シュートする際《さい》に、ボールを持《も》つゴール側《がわ》の腕《うで》を、一《いっ》直線《ちょくせん》にすることがポイントです。ボールを下《した》から支《ささ》え、ヒジを伸《の》ばしてまっすぐ持《も》ち上《あ》げることで、より高《たか》い位置《いち》でリリースできるようになります。

コツ!
ヒザを高《たか》く上《あ》げて真上《まうえ》にジャンプしゴールへ向《む》かう。
コツ!
ゴール側《がわ》の手《て》でボールを持《も》ち上《あ》げ、最高点《さいこうてん》でリリースする。

スムーズなステップでゴール下《した》に攻《せ》め込《こ》む

レイアップシュートは、まずはゴールに対《たい》して45度《ど》のウィングの位置《いち》から練《れん》習《しゅう》すると良《よ》いでしょう。ドリブルでゴールへと向《む》かっていき、ペイントエリアに入《はい》るあたりでボールを両手《りょうて》で持《も》ち、ベースライン側《がわ》の足《あし》で一歩目《いっぽめ》を踏《ふ》み込《こ》みます。続《つづ》いてゴールに向《む》かって二歩目《にほめ》を踏《ふ》み込《お》み、その足《あし》で踏《ふ》み切《き》ってジャンプします。このとき、逆側《ぎゃくがわ》のヒザを高《たか》くあげることでより高《たか》いジャンプが可能《かのう》になるので意識《いしき》しましょう。

ボールはジャンプに合《あ》わせてゴールに近《ちか》い側《がわ》の手《て》に乗《の》せて持《も》ち上《あ》げ、ジャンプの最高点《さいこうてん》でリリースします。 バックボードを狙《ねら》ってコントロールすると、シュートの成功率《せいこうりつ》が上《あ》がります。

コツ07

レベル ★☆☆

上《うえ》に構《かま》えるレイアップシュート

オーバーレイアップシュート

ここが伸びる

ボールを頭《あたま》の位置《いち》にセットして行《おこな》うレイアップシュートを、オーバーレイアップシュートという。シュートブロックをかわしやすい特徴《とくちょう》があり、マスターすることでランニングシュートの幅《はば》が広《ひろ》がる。

動画をチェック

コツ!
二歩目《にほめ》に合《あ》わせて
ボールを頭《あたま》の上《うえ》にセットする。

レイアップシュートと
同《おな》じように一歩目《いっぽめ》を踏《ふ》み込《こ》む。

うまくなるポイント!

ディフェンスをイメージし 高《たか》い位置《いち》からシュート

シュートブロックを狙《ねら》って、ゴールと自分《じぶん》の間《あいだ》に入《はい》ってくるディフェンスをイメージして練習《れんしゅう》しましょう。相手《あいて》が手《て》を伸《の》ばしても届《とど》かない高《たか》い位置《いち》でのリリースが身《み》につけば、シュートの成功率《せいこうりつ》がアップします。

ヒザを高《たか》く上《あ》げて、ゴール下《した》で高《たか》くジャンプする。

コツ！ ジャンプシュートの要領《ようりょう》で、ゴールの近《ちか》くでシュート。

高《たか》い位置《いち》で持《も》って正確《せいかく》にゴールを狙《ねら》う

ジャンプに合《あ》わせてボールを上《あ》げる通《つう》常《じょう》のレイアップシュートに対《たい》し、ボールを高《たか》く構《かま》えてジャンプするオーバーレイアップシュートは、テクニックとしての有効性《ゆうこうせい》はもちろん、両手《りょうて》でシュートできるため、まだ力《ちから》の弱《よわ》いミニバスの選手《せんしゅ》に適《てき》しているといえます。また、ステップもしやすいため初心者《しょしんしゃ》がランニングシュートの基本《きほん》を身《み》につけるためにも効《こう》果的《かてき》です。

一歩目《いっぽめ》から二歩目《にほめ》の間《あいだ》にボールを持《も》ち上《あ》げ、踏《ふ》み切《き》りで頭《あたま》にセットできていることが大切《たいせつ》で、体《からだ》を一直線《いっちょくせん》にして真《ま》上《うえ》にジャンプします。リリースはやわらかく、バックボードの内側《うちがわ》のワクを狙《ねら》って確実《かくじつ》にシュートを決《き》めましょう。

コツ08

レベル ★★☆

ゴールの正面《しょうめん》からランニングシュート

スウィッシュレイアップシュート

ここが伸びる

スウィッシュレイアップシュートはバックボードが使《つか》わずに、直接《ちょくせつ》ゴールリングにボールを沈《しず》めるテクニック。正面《しょうめん》や真横《まよこ》からのドリブルでも、ランニングシュートを決《き》めることができる。

動画をチェック

フリースローラインを越《こ》えたあたりからステップに入《はい》る。

二歩目《にほめ》で踏《ふ》み切《き》り、ゴールリングへナナメにジャンプ。

うまくなるポイント!

ゴールリングのフチを見《み》てシュートする

ゴールリングの真上《まうえ》へと正確《せいかく》にコントロールするためには、目線《めせん》の使《つか》い方《かた》がポイントになります。ゴールリングの手前《てまえ》のフチを見《み》ることで、成功率《せいこうりつ》がアップするので意識《いしき》しましょう。

ゴールへと角度《かくど》をつけてナナメにジャンプ

　スウィッシュレイアップシュートのフォームは、レイアップシュートとほとんど同《おな》じです。しかしバックボードを使《つか》わない分《ぶん》、ゴール下《した》への入《はい》り込《こ》みを浅《あさ》くする必要《ひつよう》があるので、早《はや》めにステップに入《はい》り、ゴールまでやや距離《きょり》のあるところで踏《ふ》み切《き》る動作《どうさ》となります。**踏《ふ》み切《き》ったらゴールに向《む》かってナナメにジャンプし、ボールを一方《いっぽう》の手《て》に乗《の》せてゴールリングへと伸《の》ばします。**角度《かくど》をつけてのジャンプとなりますが、ヒザを高《たか》く上《あ》げることを忘《わす》れないように注意《ちゅうい》しましょう。

　リリースでは手首《てくび》と指《ゆび》を使《つか》ってボールに逆回転《ぎゃくかいてん》をかけ、ボールをゴールの真上《まうえ》に置《お》くようにコントロールします。

コツ 09

レベル ★★★

ここが伸びる

ゴール下《した》を通過《つうか》して背面《はいめん》にシュートするバックシュートは、シュートブロックをされづらい有効《ゆうこう》なテクニック。レイアップシュートからバックシュートに切《き》り替《か》える技術《ぎじゅつ》を身《み》につけよう。

動画をチェック

バックシュート

後《うし》ろへのシュートでディフェンスをよける

レイアップシュートよりも、やや深《ふか》い位置《いち》に二歩目《にほめ》を踏《ふ》み込《こ》む。
ドリブルで切《き》り込《こ》み、ペイントエリアに１歩目《ぽめ》を踏《ふ》み込《こ》む。

うまくなるポイント！

ゴールとの距離感《きょりかん》を失《うしな》わないように注意《ちゅうい》

ゴールから目《め》を離《はな》すとミスしてしまうので注意《ちゅうい》しましょう。常《つね》にゴールの位置《いち》を意識《いしき》し、リリースではボールを体《からだ》の正面《しょうめん》から真上《まうえ》に振《ふ》り上《あ》げ、頭《あたま》の上《うえ》でスナップを利《き》かせます。狙《ねら》いはバックボードの内側《うちがわ》のワクの角《かど》。

リングから目《め》を離《はな》さずシュートする

進行方向《しんこうほうこう》とは反対《はんたい》にシュートするバックシュートは、レイアップシュートの応用《おうよう》となるテクニックです。背面《はいめん》にコントロールするのは難《むずか》しく、正確《せいかく》に行《おこな》うためにはやや深《ふか》めの踏《ふ》み切《き》りから真上《まうえ》にジャンプし、**体《からだ》の軸《じく》を安定《あんてい》させた状態《じょうたい》でリリースすることが重要《じゅうよう》です。**ドリブルとステップに勢《いきお》いがあると、体《からだ》が前《まえ》に流《なが》れやすいので注意《ちゅうい》。

ゴールとの距離感《きょりかん》を見失《みうしな》わないように、ゴールリングから目《め》を離《はな》さずに動《どう》作《さ》することも大切《たいせつ》です。ミスした場合《ばあい》も考《かんが》え、最後《さいご》まで目線《めせん》を向《む》け続《つづ》けましょう。また、利《き》き手《て》でシュートできるようになったら、逆《ぎゃく》の手《て》でシュートする技術《ぎじゅつ》も身《み》につけましょう。

コツ10

レベル ★☆☆

リバウンドシュート

ボールをキャッチしてすぐさまシュート

ここが伸びる

試合《しあい》でのシュート成功率《せいこうりつ》は50%ほどといわれている。そのため、外《はず》れたシュートをゴール下《した》でとるリバウンドは非常《ひじょう》に重要《じゅうよう》だ。技《ぎ》術《じゅつ》が身《み》につけば攻撃《こうげき》のチャンスを増《ふ》やすことができる。

動画をチェック

コツ! ジャンプの最高点《さいこうてん》でボールを両手《りょうて》でキャッチ。

ボールの落下点《らっかてん》を見極《みきわ》めてジャンプの準備《じゅんび》をする。

うまくなるポイント!

着地時《ちゃくちじ》の体勢《たいせい》に注意《ちゅうい》 ヒジを張《は》るのが正解《せいかい》

リバウンドではキャッチしたボールを、しっかりとキープすることが大切《たいせつ》です。着《ちゃく》地《ち》したら、ボールを胸《むね》の前《まえ》で持《も》って両《りょう》ヒジを左右《さゆう》に張《は》ります。張《は》っていないと、ディフェンスにボールをとられる危険《きけん》があります。

足幅《あしはば》を広くとって着地《ちゃくち》し、
ゴールを確認《かくにん》する。

コツ!
体《からだ》をゴールの
方向《ほうこう》に向《む》き直《なお》し
ゴール下《した》でシュートする。

ゴール下《した》の競《せ》り合《あ》いを制《せい》し すかさず得点《とくてん》する

リバウンドでは、ゴール下《した》で数人《すうにん》の選手《せんしゅ》が一斉《いっせい》にボールをとりに動《うご》きます。そのため、より高《たか》い位置《いち》でボールをキャッチできる技術《ぎじゅつ》が要求《ようきゅう》されます。**ボールの軌道《きどう》を見《み》て落下点《らっかてん》を予測《よそく》し、ヒザを曲《ま》げて準備姿勢《じゅんびしせい》をとって、落《お》ちてくるタイミングに合わせてジャンプします。** 最高点《さいこうてん》でキャッチできれば、競《せ》り合《あ》いを制《せい》することができます。キャッチしたボールは両手《りょうて》でがっちりとキープしましょう。

リバウンド後《ご》の選択肢《せんたくし》は、敵陣《てきじん》のゴール下《した》ならシュートが第一《だいいち》です。着地《ちゃくち》から素早《すばや》くシュートに持《も》ち込《こ》むことが重要《じゅうよう》なので、状況《じょうきょう》を確認《かくにん》しつつ思《おも》い切《き》りよくゴールを狙《ねら》いましょう。

コツ11

レベル ★★☆

ターンシュート

リバウンドからミドルシュートにつなげる

ここが伸びる

リバウンド後《ご》のシュートパターンが多《おお》いと、攻撃力《こうげきりょく》がアップする。ゴール下《した》に人《ひと》が密集《みっしゅう》していたり、ゴールと距離《きょり》がある場面《ばめん》では、ピボットターンからのミドルシュートで得点《とくてん》を狙《ねら》うと有効《ゆうこう》だ。

コツ! 素早《すばや》くターンしてゴールに体《からだ》の正面《しょうめん》を向《む》ける。
コツ! リバウンドをとり、ゴール側《がわ》にフェイントを入《い》れる。

動画をチェック

うまくなるポイント!

ピボットを使《つか》って素早《すばや》く反転《はんてん》する

ピボットとは軸足《じくあし》のことをいい、軸足《じくあし》（ピボットフット）さえ固定《こてい》していれば逆《ぎゃく》の足《あし》（フリーフット）は自由《じゆう》に動《うご》かすことができます。前方《まえほう》向《こう》に反転《はんてん》するフロントターンを素早《すばや》く行《おこな》い、シュートへとつなげましょう。

両足《りょうあし》を揃《そろ》え、
ボールを額《ひたい》にセットする。

ジャンプシュートで
ミドルレンジから
ゴールを狙《ねら》う。

スピーディなターンでシュートのスペースを作《つく》る

リバウンドからのシュートはいくつものバリエーションを考《かんが》えることができます。数多《かずおお》く身《み》につけることで、さまざまな状況《じょうきょう》に対応《たいおう》できるようになります。ミドルシュートにつなげたい場合《ばあい》には、ターンを用《もち》いてディフェンスとの間合《まあ》いを広《ひろ》げると有効《ゆうこう》です。その際《さい》のポイントは、**ターンする方向《ほうこう》とは逆方向《ぎゃくほうこう》に一度《いちど》ボールを振《ふ》って、ディフェンスの注意《ちゅうい》を引《ひ》きつけることです。**フェイントをひとつ加《くわ》えることで、よりシュートしやすい状況《じょうきょう》を作《つく》り出《だ》せるのです。

ターンしてゴールと正対《せいたい》したらシュートフォームに入《はい》ります。ターンの勢《いきお》いで体《からだ》が流《なが》れないように注意《ちゅうい》しましょう。

コツ 12

レベル ★★☆

パワードリブルシュート

ワンドリブルで一《いっ》気《き》に攻《せ》め込《こ》む

ここが伸びる

人《ひと》の密集《みっしゅう》するゴール付近《ふきん》では、パワードリブルによるゴール下《した》への侵入《しんにゅう》が効果的《こうかてき》。ディフェンスに体《からだ》を寄《よ》せられても、体《からだ》の軸《じく》を崩《くず》さずにシュートできるパワフルなプレーが身《み》につく。

コツ! すぐさま重心《じゅうしん》を落《お》とし、1回《かい》のドリブルでゴールに接近《せっきん》。

動画をチェック

高《たか》くジャンプしてリバウンドをキャッチする。

うまくなるポイント!

両足《りょうあし》で踏《ふ》み切《き》りのジャンプでシュートする

ターンしたら、両足《りょうあし》で強《つよ》く踏《ふ》み切《き》ってシュートします。体《からだ》の軸《じく》が安定《あんてい》するので、ディフェンスと接触《せっしょく》するなどしてもしっかりと真《ま》上《うえ》にジャンプできます。シュートはバックボードを活用《かつよう》して確《かく》実《じつ》に決《き》めましょう。

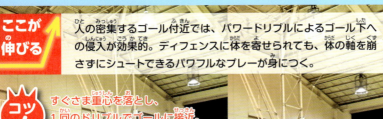

ゴール下《した》に入《はい》り込《こ》んでシュートする。

コツ! ターンで両足《りょうあし》を揃《そろ》えてゴールと正対《せいたい》する。

力強《ちからづよ》い動作《どうさ》でゴール下《した》に入《はい》る

リバウンド後《ご》のオフェンスのテクニックとして、パワードリブルがあります。**重心《じゅうしん》を落《お》として両手《りょうて》で1回《かい》ドリブルし、ゴールとの距離《きょり》を縮《ちぢ》めます。**体重《たいじゅう》移動《いどう》を意識《いしき》して素早《すばや》く動作《どうさ》し、ゴール下《した》に入《はい》り込《こ》みましょう。

ゴールに近《ちか》づいたらフロントターンで両足《りょうあし》を揃《そろ》え、ゴールと正対《せいたい》します。同時《どうじ》にボールを持《も》ち上《あ》げて額《ひたい》にセットしてシュートの準備《じゅんび》。両足《りょうあし》で踏《ふ》み切《き》れば、高確率《こうかくりつ》でシュートを決《き》めることができます。

パワードリブルはインサイドでパスを受《う》けた場面《ばめん》でも活用《かつよう》できるテクニックです。フォームを身《み》につけて、さまざまなシーンで繰《く》り出《だ》しましょう。

コツ 13

レベル ★★★

山《やま》なりのシュートでブロックをかわす

フックシュート

ここが伸《の》びる

高《たか》さのあるディフェンスに対《たい》してはフックシュートが有効《ゆうこう》だ。ゴールと遠《とお》い側《がわ》の腕《うで》で山《やま》なりにコントロールして狙《ねら》うので、シュートブロックをかわしてミドルレンジから決《き》められる。

動画をチェック

横向《よこむ》きの体勢《たいせい》で、ボールを持《も》ち上《あ》げる。

コツ!

一方《いっぽう》の手《て》のひらの上《うえ》に、ボールを乗《の》せてステップする。

うまくなるポイント!

ゴールの正面《しょうめん》へと横《よこ》からドリブルして入《はい》る

フックシュートはゴールの前《まえ》から狙《ねら》うことが多《おお》いので、サイドからペイントエリアに入《はい》り、フリースローラインを越《こ》えたあたりでシュートするパターンで練習《れんしゅう》しましょう。セミフックシュート（P36）も同様《どうよう》です。

スナップを利《き》かせて、
ふわりとした軌道《きどう》でシュート。

腕《うで》を伸《の》ばして スナップでリリースする

フックシュートは効果的《こうかてき》ですが、それだけに難易度《なんいど》の高《たか》いシュートテクニックです。片手《かたて》でボールを操作《そうさ》し、正確《せいかく》にコントロールしなければなりません。ポイントは、腕《うで》の力《ちから》は使《つか》わずにリリースすること。ゴールと遠《とお》い側《がわ》の手《て》にボールを乗《の》せてジャンプし、その腕《うで》をまっすぐ伸《の》ばして真上《まうえ》に振《ふ》ります。

ボールを頭上《ずじょう》に持《も》ち上《あ》げたところで、手首《てくび》のスナップと指先《ゆびさき》でコントロールしてゴールを狙《ねら》います。 バックスピンをかけて、山《やま》なりの軌道《きどう》でふわりとゴールリングに入《はい》るように放物線《ほうぶつせん》を描《えが》きましょう。通常《つうじょう》のジャンプシュートよりも距離《きょり》がありますが、力任《ちからまか》せになると外《はず》してしまうので注意《ちゅうい》。

コツ14

レベル ★★☆

ゴール下《した》でのフックシュート

セミフックシュート

ここが伸《の》びる

ゴール付近《ふきん》でのフックシュートをセミフックシュートという。ディフェンスに間《あいだ》に入《はい》られてしまった場面《ばめん》でもゴールを狙《ねら》えるようになるので、技術《ぎじゅつ》をマスターして攻撃《こうげき》の幅《はば》を広《ひろ》げよう。

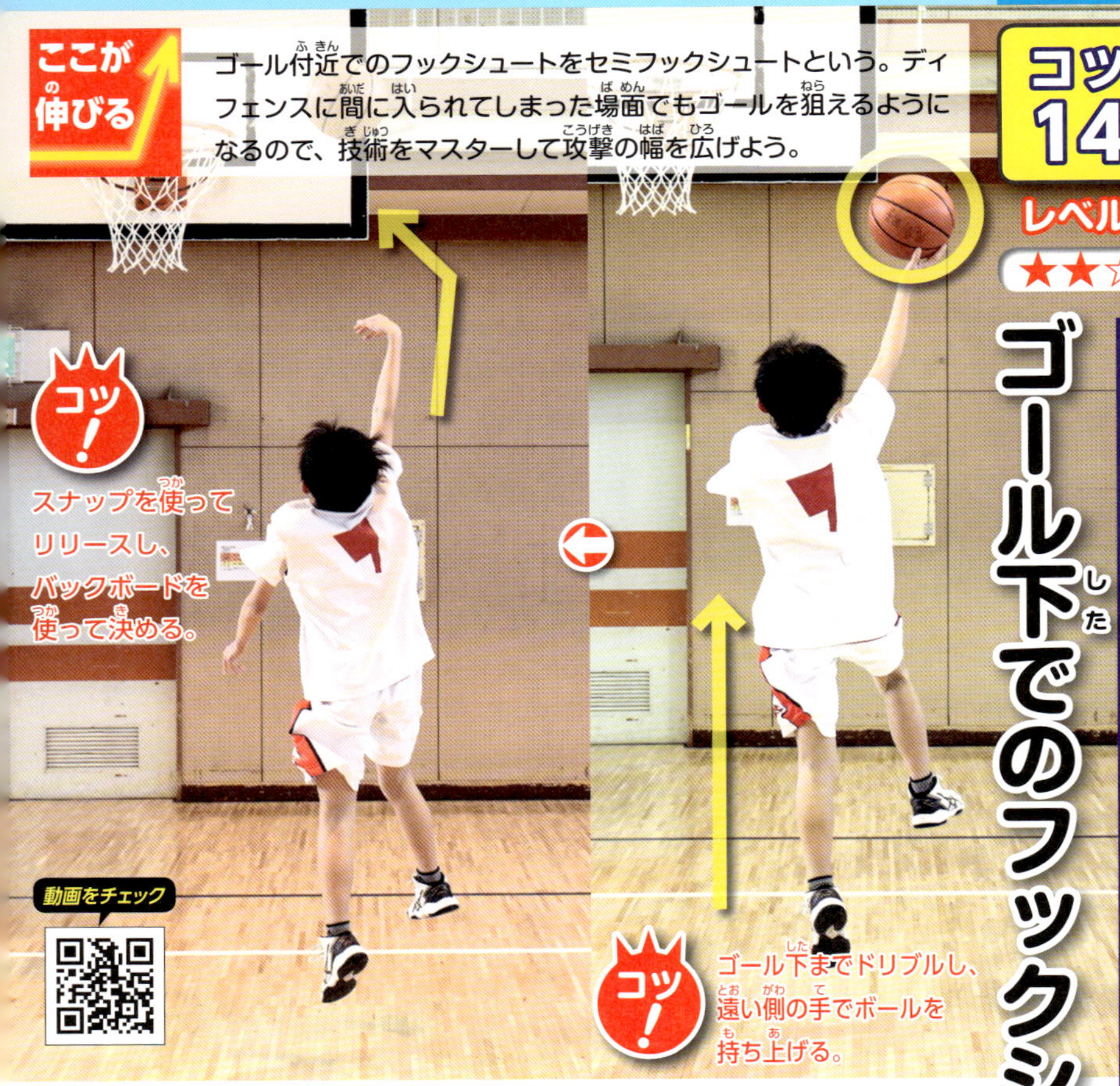

コツ！ スナップを使《つか》ってリリースし、バックボードを使《つか》って決《き》める。

コツ！ ゴール下《した》までドリブルし、遠《とお》い側《がわ》の手《て》でボールを持《も》ち上《あ》げる。

動画をチェック

ボールを持《も》ち上《あ》げてリリースする

横《よこ》からボールを持《も》ち上《あ》げるフックシュートに対《たい》し、腕《うで》を上《うえ》に伸《の》ばして狙《ねら》うのがセミフックシュートです。動作《どうさ》を省略《しょうりゃく》しているため素早《すばや》くシュートできる特徴《とくちょう》があります。ゴールと逆側《ぎゃくがわ》の手《て》のひらにボールを乗《の》せ、**まっすぐ上《うえ》に伸《の》ばす動作《どうさ》を、ジャンプとタイミングを合《あ》わせて行《おこな》うことがポイント。**ジャンプによる伸《の》び上《あ》がりと連動《れんどう》して行《おこな》えれば、より高《たか》い位置《いち》からリリースできるようになり、ディフェンスにシュートをブロックされづらくなります。

PART 2
ドリブル＆フェイントシュート

ここが伸びる

ドリブルからシュートに移行《いこう》する際《さい》には、しっかりとまって勢《いきお》いを消《け》すことが大切《たいせつ》。ジャンプストップをマスターすれば、速《はや》いドリブルからでも体《からだ》が流《なが》れることなくゴールを狙《ねら》えるようになる。

コツ15

レベル ★☆☆

ジャンプストップ

しっかりとまってシュートに持《も》ち込《こ》む

動画をチェック

コツ! ボールを両手《りょうて》で持《も》って軽《かる》くジャンプし、片足《かたあし》で着地《ちゃくち》。

スピードをかけてゴールに向《む》かってドリブルする。

うまくなるポイント!

ストップと連動《れんどう》してボールを額《ひたい》にセット

ジャンプストップでは下半《かはん》身《しん》で勢《いきお》いを消《け》しつつ、連動《れんどう》してシュートフォームに入《はい》ることがポイントです。一《いっ》歩《ぽ》目《め》でボールを両手《りょうて》で持《も》ち、二《に》歩《ほ》目《め》の着地《ちゃくち》と合《あ》わせてボールを額《ひたい》にセットしましょう。

スムーズにジャンプシュートへと
移行《いこう》する。

コツ！
逆足《ぎゃくあし》も着地《ちゃくち》し、
両足《りょうあし》を揃《そろ》えた状態《じょうたい》で
しっかりストップ。

トップスピードから ピタッととまる

ジャンプストップはオフェンスの基《き》本的《ほんてき》なテクニックです。スピードをかけてドリブルし、シュートする場所《ばしょ》の手前《てまえ》から準備《じゅんび》してピタッととまる技術《ぎじゅつ》です。ポイントは、二歩《にほ》のステップでストップすること。前《まえ》に軽《かる》くジャンプしてまず片足《かたあし》をつき、続《つづ》いてもう一方《いっぽう》の足《あし》を、両足《りょうあし》を揃《そろ》えるようにして着地《ちゃくち》します。これによってドリブルのスピードがゼロになり、スムーズにシュートフォームへと移《うつ》れます。

やや後傾姿勢《こうけいしせい》をとると、より効率的《こうかてき》に勢《いきお》いを消《け》すことができます。スピードの緩急《かんきゅう》が身《み》につけば、ディフェンスのマークを振《ふ》り払《はら》えるようになるので、テクニックを磨《みが》きましょう。

ここが伸びる

ユーロステップは、ゴール前《まえ》で正面《しょうめん》に立《た》ちはだかるディフェンスをかわすテクニックだ。キレのある動作《どうさ》が身《み》につけば、最小限《さいしょうげん》の動《うご》きで素早《すばや》くシュートに持《も》ち込《こ》めるようになる。

コツ16

レベル ★☆☆

ユーロステップ

外《そと》から内《うち》のステップで抜《ぬ》く

動画をチェック

コツ! ペイントエリア手前《てまえ》で外側《そとがわ》に一歩目《いっぽめ》のステップ。

ウィングのあたりからドリブルでゴール下《した》へ進《すす》む。

うまくなるポイント!

ディフェンスをイメージし大《おお》きなステップで抜《ぬ》く

自分《じぶん》とゴールの間《あいだ》で守《まも》るディフェンスをイメージして、練習《れんしゅう》することが大切《たいせつ》です。やや外《そと》に踏《ふ》み込《こ》んだところから一気《いっき》に内《うち》に切《き》り込《こ》みます。二歩目《にほめ》を大《おお》きくステップすることで、有効《ゆうこう》なテクニックとなります。

コツ!
ナナメ方向《ほうこう》へ二歩目《にほめ》を内側《うちがわ》に踏《ふ》み込《こ》む。

2歩目《ほめ》を踏《ふ》み切《き》り足《あし》にして、ゴール下《した》でシュートする。

スピードを緩《ゆる》めずシュートに持《も》ち込《こ》む

ユーロステップを用《もち》いてディフェンスの重心《じゅうしん》を動《うご》かし、逆《ぎゃく》をついてかわします。一歩目《いっぽめ》をやや外側《そとがわ》に踏《ふ》み込《こ》み、ディフェンスにベースライン方向《ほうこう》へ進《すす》むと思《おも》い込《こ》ませ、相手《あいて》が対応《たいおう》しようと重心《じゅうしん》を動《うご》かしたところで、反対方向《はんたいほうこう》となるゴール側《がわ》に二歩目《にほめ》を踏《ふ》み込《こ》みます。動《うご》きはあまり大《おお》きくないですが、ディフェンスを誘導《ゆうどう》しているので、背《はい》後《ご》から抜《ぬ》くことができます。

足《あし》だけではなく、ボールも同《おな》じように動《うご》かすことが大切《たいせつ》です。ボールはディフェンスが特《とく》に意識《いしき》して見《み》る部分《ぶぶん》なので、左右《さゆう》に振《ふ》れば重心《じゅうしん》を動《うご》かしやすくなるのです。スピードを緩《ゆる》めず行《おこな》い、一瞬《いっしゅん》のスキを作《つく》り出《だ》しましょう。

コツ17

レベル ★☆☆

ギャロップステップ

空中《くうちゅう》で体《からだ》をひねるステップで切《き》り込《こ》む

ここが伸びる

ダイナミックに動《うご》くギャロップステップは、密集地帯《みっしゅうちたい》を突破《とっぱ》するのに適《てき》したテクニック。ディフェンスの間《あいだ》をすり抜《ぬ》けられるようになり、確実性《かくじつせい》の高《たか》いゴール下《した》シュートに持《も》ち込《こ》める。

コツ! 片足《かたあし》で踏《ふ》み切《き》り、ボールを持《も》ち上《あ》げてジャンプ。

コツ! 片足《かたあし》をついた状態《じょうたい》でボールを持《も》つ。

動画をチェック

うまくなるポイント!

片足《かたあし》で着地《ちゃくち》するとトラベリング

片足《かたあし》で着地《ちゃくち》すると、トラベリングをとられてしまうので注意《ちゅうい》しましょう。片足《かたあし》で踏《ふ》み切《き》って、両足《りょうあし》で着地《ちゃくち》する動作《どうさ》を徹底《てってい》することが大切《たいせつ》です。リズムを体《からだ》に染《し》み込《こ》ませて、ミスをなくしましょう。

ディフェンスの間《あいだ》をすり抜《ぬ》けるステップ

片足《かたあし》でジャンプし、両足《りょうあし》で着地《ちゃくち》するのがギャロップステップの足運《あしはこ》びとなります。ゴール下《した》へと入《はい》っていく場面《ばめん》で使《つか》うことがセオリーで、ドリブルでゴールへと進《すす》み、ペイントエリアの手《て》前《まえ》でしかけます。踏《ふ》み切《き》り足《あし》がコートについている状態《じょうたい》でボールを両手《りょうて》で持《も》ち、強《つよ》く踏《ふ》み切《き》ります。

空中《くうちゅう》で体《からだ》をひねり、ボールを振《ふ》り上《あ》げることがポイントです。これにより、密集《みっしゅう》するディフェンスの間《あいだ》をすり抜《ぬ》けてゴール下《した》へ侵入《しんにゅう》しやすくなります。ゴールに体《からだ》の正面《しょうめん》を向《む》けて両足《りょうあし》で着地《ちゃくち》し、すぐさま両足《りょうあし》で踏《ふ》み切《き》ります。確《かく》実性《じつせい》の高《たか》いゴール下《した》シュートで得点《とくてん》しましょう。

ここが伸《の》びる

クロスオーバーは基本的《きほんてき》なドリブルテクニックのひとつだ。マスターすることで、ディフェンスの重心《じゅうしん》を動《うご》かして逆側《ぎゃくがわ》から抜《ぬ》いていくドリブルのセオリーを身《み》につけることができる。

コツ18

レベル ★☆☆

クロスオーバー

ボールを持《も》ち替《か》えてディフェンスを抜《ぬ》く

動画をチェック

体《からだ》の正面《しょうめん》でボールをバウンドさせる。

うまくなるポイント!

スティールされない間《ま》合《あ》いを意識《いしき》

1対《たい》1では、ディフェンスが腕《うで》を伸《の》ばしてもボールに触《さわ》れない間合《まあ》いでしかけることが大切《たいせつ》です。近《ちか》すぎるとスティール（ボールをとられる）されてしまうので、ディフェンスとの距離《きょり》を意識《いしき》しましょう。

ディフェンスを抜《ぬ》き去《さ》り、
ランニングシュートを狙《ねら》う。

コツ!
逆《ぎゃく》の手《て》に持《も》ち替《か》えて、
その方向《ほうこう》へドリブル。

大《おお》きな動作《どうさ》で左右《さゆう》に揺《ゆ》さぶる

体《からだ》の正面《しょうめん》でボールをバウンドさせてドリブルする手《て》を切《き》り替《か》えるフロントチェンジを、大《おお》きく素早《すばや》く行ってディフェンスを抜《ぬ》くテクニックがクロスオーバーです。一方《いっぽう》にボールを高《たか》く振《ふ》り上《あ》げてディフェンスの注意《ちゅうい》を片側《かたがわ》に寄《よ》せたところから、そのスキをついて素早《すばや》く逆側《ぎゃくがわ》に切《き》り替《か》えます。

ボールと合《あ》わせて、重心《じゅうしん》も左右《さゆう》に移《い》動《どう》させることがポイントです。ボールを振《ふ》り上《あ》げると同時《どうじ》に足《あし》を踏《ふ》み込《こ》むことで、より大《おお》きな動作《どうさ》となりディフェンスを引《ひ》っ掛《か》けやすくなります。テクニックが成功《せいこう》したら、そのままゴールへと進《すす》みランニングシュートを狙《ねら》うのがセオリーです。

ここが伸びる

前後《まえうし》ろチェンジは、小鷹勝義先生《こたかかつよしせんせい》が考案《こうあん》した新《あたら》しいテクニックだ。前《まえ》から後《うし》ろへ緩急《かんきゅう》をつけたドリブルによってシュートスペースを作《つく》り出《だ》すことができ、試合《しあい》で非常《ひじょう》に効果的《こうかてき》な技術《ぎじゅつ》。

コツ19

レベル ★★☆

動画をチェック

前後《ぜんご》の揺《ゆ》さぶりでスペースを作《つく》る

前後《まえうし》ろチェンジ

コツ! 足《あし》を踏《ふ》み込《こ》んでストップし、ボールを振《ふ》り上《あ》げる。

前方向《まえほうこう》へとドリブルで進《すす》む。

間合《まあ》いを広《ひろ》げて ブロックなしでシュート

前《まえ》に行《い》くと見《み》せかけて急《きゅう》にストップすると、ディフェンスはスピードの変《へん》化《か》に対応《たいおう》できず進行方向《しんこうほうこう》に重心《じゅうしん》が傾《かたむ》きます。そのスキに後《うし》ろに動《うご》くことで間《ま》合《あ》いを広《ひろ》げ、シュートスペースを作《つく》り出《だ》すテクニックが前後《まえうし》ろチェンジです。**後《うし》ろへのフロントチェンジとステップをスムーズに行《おこな》うことが、スペースを作《つく》るポイントです。**ジャンプシュートにつなげるパターンはもちろん、ほかにもさまざまな使《つか》い方《かた》ができる応《おう》用《よう》の利《き》くテクニックです。

コツ！
フロントチェンジで
ボールを後《うし》ろに移動《いどう》させる。

コツ！
ボールを両手《りょうて》で持《も》ち、
後《うし》ろにステップする。

ディフェンスとの間合《まあ》いを広《ひろ》げて
シュートの準備《じゅんび》。

ジャンプシュートで
ゴールを狙《ねら》う。

コツ20

レベル ★★☆

インサイドアウト

手首《てくび》を返《かえ》して逆側《ぎゃくがわ》にドリブル

ここの伸びる

インサイドアウトはボールを持《も》ち替《か》えてドリブルすると見《み》せかけて、逆方向《ぎゃくほうこう》に進《すす》むテクニックだ。抜《ぬ》き去《さ》ることはもちろん、スペースを作《つく》ってシュートに持《も》ち込《こ》めるようになる。

コツ！ 手首《てくび》を返《かえ》して
ボールの進行方向《しんこうほうこう》を変化《へんか》させる。

動画をチェック

手《て》を体《からだ》の正面《しょうめん》に向《む》けて
ボールを動《うご》かす。

うまくなるポイント！

踏《ふ》み込《こ》みを使《つか》って引《ひ》っ掛《か》ける

足《あし》を強《つよ》く踏《ふ》み込《こ》むことによって、いかにもボールを持《も》ち替《か》えてクロスオーバーなどをするように見《み》せかけることができます。ディフェンスを警戒《けいかい》させる工夫《くふう》をして重心《じゅうしん》を動《うご》かし、テクニックの効果《こうか》を高《たか》めましょう。

コツ！
横《よこ》にバウンドさせると同時《どうじ》に
横方向《よこほうこう》にステップ。
スペースができたところで
すぐさまシュートする。

横《よこ》への変化《へんか》でディフェンスを翻弄《ほんろう》

体《からだ》の正面《しょうめん》でバウンドさせるようにボールを動《うご》かし、途中《とちゅう》で手首《てくび》を返《かえ》して横《よこ》にバウンドさせるテクニックをインサイドアウトといいます。ドリブルで進《すす》み、ディフェンスと適正《てきせい》な間合《まあ》いで向《む》かい合《あ》ったところで繰《く》り出《だ》し、逆《ぎゃく》をついてシュートに持《も》ち込《こ》みます。**手《て》のひらを向《む》けている方向《ほうこう》を、内側《うちがわ》から外側《そとがわ》に変化《へんか》させることがポイントです。**

横《よこ》にボールをつく際《さい》にはやや大《おお》きめにバウンドさせ、同時《どうじ》にステップして追《お》いかけます。これによりディフェンスとの間合《まあ》いが広《ひろ》がり、シュートするスペースができます。状況《じょうきょう》によっては、ドリブルやパスをするのも方法《ほうほう》のひとつです。

コツ21

レベル ★★☆

レッグスルー

股《また》を通《とお》してボールを移動《いどう》させる

ここが伸びる

不用意《ふようい》なフロントチェンジは、スティールされる危険《きけん》がある。レッグスルーをマスターすれば、ディフェンスの手《て》の届《とど》かないところで安全《あんぜん》にボールを持《も》ち替《か》えられるようになる。

コツ!

足《あし》を踏《ふ》み込《こ》んで大《おお》きく開《ひら》き、ボールをつく。

低重心《ていじゅうしん》の姿勢《しせい》をとって、前《まえ》を向《む》いたままドリブルする。

動画をチェック

うまくなるポイント!

バウンドが悪《わる》いとボールを失《うしな》う

ボールを正確《せいかく》にコントロールしてバウンドさせないと、逆《ぎゃく》の手《て》でキャッチできずこぼしてしまいます。ボールを失《うしな》うとピンチになるので、イメージ通《どお》りに動《うご》かせる技《ぎ》術《じゅつ》を身《み》につけましょう。

コツ!
体《からだ》の真下《ました》でバウンドさせ、
逆《ぎゃく》の手《て》で受《う》ける。
足《あし》を揃《そろ》えて
シュート体勢《たいせい》に入《はい》り、
ゴールを狙《ねら》う。

体《からだ》の下《した》でバウンドさせボールを持《も》ち替《か》える

レッグスルーは両足《りょうあし》の間《あいだ》にボールをついて、逆側《ぎゃくがわ》の手《て》へと移動《いどう》させるテクニックです。正確《せいかく》に動作《どうさ》ができないとコントロールを失《うしな》ってしまうため、安定的《あんていてき》に繰《く》り出《だ》せる技術《ぎじゅつ》が必要《ひつよう》になります。**ポイントは、体《からだ》の真下《ました》へナナメにボールをバウンドさせることです。**これにより、イメージ通《どお》りの位置《いち》へボールを動《うご》かすことができます。足幅《あしはば》が狭《せま》いと難《むずか》しくなるので、片足《かたあし》を踏《ふ》み込《こ》んでスペースを作《つく》ることも大切《たいせつ》です。

正確性《せいかくせい》とスピードが向上《こうじょう》すれば、横《よこ》にスライドしてディフェンスのマークを一瞬離《いっしゅんはな》すことができます。そのスキをついてシュート体勢《たいせい》に入《はい》れば、ゴールを狙《ねら》えます。

コツ22
レベル ★★☆

ビハインドザバック

後《うし》ろでボールをついてかわす

ここが伸びる ビハインドザバックでボールを持《も》ち替《か》えるテクニックが身《み》につくと、ディフェンスに間合《まあ》いを詰《つ》められた場面《ばめん》でもかわせるようになる。また、あえて自分《じぶん》から近寄《ちかよ》って繰《く》り出《だ》す方法《ほうほう》もある。

コツ！ ボールを自分《じぶん》の真後《まうし》ろでバウンドさせる。

動画をチェック

ディフェンスと間合《まあ》いを詰《つ》め、ボールを後方《こうほう》に引《ひ》く。

うまくなるポイント！

ボールに合《あ》わせて大《おお》きくステップする

シュートするスペースを作《つく》るためには、ディフェンスとの距離《きょり》を広《ひろ》げるステップが大切《たいせつ》です。バウンドさせたボールに合《あ》わせて横方向《よこほうこう》に大《おお》きく動《うご》き、正面《しょうめん》にマークがいない状況《じょうきょう》を作《つく》りましょう。

両足《りょうあし》を揃《そろ》えて
ジャンプシュートをする。
コツ!
逆《ぎゃく》の手《て》でボールを受《う》けて
横《よこ》に方向転換《ほうこうてんかん》。

ディフェンスの腕《うで》が届《とど》かない位置《いち》でバウンド

　ディフェンスにスティールされる危《き》険《けん》の少《すく》ない効果的《こうかてき》なテクニックです。しかし自分《じぶん》の視野《しや》の外《そと》でボールを動《うご》かすので正確《せいかく》な技術《ぎじゅつ》が必要《ひつよう》になります。**ポイントは、ボールを体《からだ》の真後《まうし》ろでバウンドさせることです。**これによりバウンドが安定《あんてい》し、逆《ぎゃく》の手《て》へとスムーズにボールを受《う》け渡《わた》すことができます。また、ボールを持《も》つ腕《うで》を大《おお》きく後《うし》ろに回《まわ》す動作《どうさ》と、両足《りょうあし》を揃《そろ》えてボールに当《あ》たらないようにすることも大切《たいせつ》ですので意識《いしき》して行《おこな》いましょう。

　背面《はいめん》でコントロールできるようになると、後《うし》ろからパスを出《だ》すビハインドザバックパスにもつなげることができます。

コツ23

レベル ★★☆

ロールターン

ドリブルしながら回転《かいてん》する

ここが伸びる

ロールターンはディフェンスとボールの間《あいだ》に体《からだ》を入《い》れ込《こ》むテクニックで、マスターできるとスティールの危険性《きけんせい》を抑《おさ》えてかわせるようになる。左右両方《さゆうりょうほう》にターンできるとさらに有効《ゆうこう》だ。

コツ!
ボールを体《からだ》の近《ちか》くで持《も》って後方《こうほう》にターン。
ターンする方向《ほうこう》の足《あし》を一歩前《いっぽまえ》に踏《ふ》み込《こ》む。
動画をチェック

間合《まあ》いを詰《つ》めてコンパクトにターンする

ディフェンスの前《まえ》にターンする側《がわ》の足《あし》を踏《ふ》み込《こ》んで間合《まあ》いを詰《つ》め、その足《あし》を軸《じく》にしてバックターン（後《うし》ろに回《まわ》る）をします。**回転《かいてん》をスムーズに行《おこな》うポイントは、コンパクトに動作《どうさ》することです。**ボールを体《からだ》の近《ちか》くで持《も》ち、足幅《あしはば》を開《ひら》きすぎず体《からだ》の軸《じく》をキープして動作《どうさ》します。これによってターンのスピードが向上《こうじょう》し、ボールもコントロールしやすくなります。ロールターンでかわしたら、さらに一歩《いっぽ》ステップしてシュートスペースを作《つく》りましょう。

ボールを両手《りょうて》で持《も》って
ゴールの方向《ほうこう》に体《からだ》を向《む》ける。

コツ!
反転《はんてん》したところでドリブルを
一回《いっかい》入《い》れて進《すす》む。

ジャンプシュートで
ゴールを狙《ねら》う。

コツ!
横方向《よこほうこう》にステップして
両足《りょうあし》を揃《そろ》えて着地《ちゃくち》。

コツ24

レベル ★★☆

ジャブステップ

足《あし》とボールの動《うご》きで引《ひ》っ掛《か》ける

ここが伸びる

ジャブステップは基本的《きほんてき》なフェイントのひとつ。フリーフットと腕《うで》の動《うご》きだけで引《ひ》っ掛《か》けることができる。シュートできる位置《いち》で繰《く》り出《だ》すことがセオリーで、遠《とお》いとあまり効果《こうか》がないので注意《ちゅうい》。

コツ! フリーフットとボールを勢《いきお》い良《よ》く突《つ》き出《だ》す。

シュートレンジ内《ない》の1対《たい》1で繰《く》り出《だ》す。

うまくなるポイント!

ボールを途中《とちゅう》で落《お》とさないように

鋭《するど》く足《あし》とボールを出《だ》し引《ひ》きすることが大切《たいせつ》ですが、スピードが速《はや》い動作《どうさ》はボールを落《お》としやすいので注意《ちゅうい》する必要《ひつよう》があります。しっかりとボールを持《も》って、テクニックをしかけましょう。

ゴールへと進《すす》み
ランニングシュートをする。
コツ！
ディフェンスの
重心《じゅうしん》が動《うご》いたスキにドリブル。

低い姿勢でしかけてディフェンスをだます

ドリブルをしかけると見《み》せかけてディフェンスの重心《じゅうしん》を崩《くず》し、逆側《ぎゃくがわ》へドリブルしてかわすフェイントテクニックです。いかに相手《あいて》をだますかが重要《じゅうよう》で、**重心《じゅうしん》を落《お》とした構《かま》えをとってボールとフリーフットを同時《どうじ》に勢《いきお》い良《よ》く突《つ》き出《だ》しましょう。**ディフェンスがその足《あし》とボールを警戒《けいかい》して重心《じゅうしん》を動《うご》かしたら、そのスキをついて素早《すばや》くドリブルする方向《ほうこう》を切《き》り替《か》えてランニングシュートを狙《ねら》います。ディフェンスを観察《かんさつ》し、どちらの足《あし》に重心《じゅうしん》が乗《の》っているのかを見極《みきわ》めることもポイントです。

ジャブステップ後《ご》の選択肢《せんたくし》は、ジャンプシュートでも有効《ゆうこう》です。状況《じょうきょう》を見《み》てプレーを選《えら》びましょう。

コツ25

レベル ★★☆

シュートフェイント

シュートすると見《み》せかけてかわす

ここが伸びる

シュートはディフェンスが最《もっと》も警戒《けいかい》するプレーなので、シュートフェイントが身《み》につくとオフェンス力《りょく》がアップする。ドリブルテクニックと組《く》み合《あ》わせやすいため、プレーの幅《はば》も広《ひろ》がる。

動画をチェック

コツ！ シュートと見《み》せかけて、パワードリブルで進《すす》む。

コツ！ ボールを顔《かお》あたりまで素早《すばや》く持《も》ち上《あ》げる。

うまくなるポイント！

素早《すばや》く重心《じゅうしん》を落《お》とし パワードリブルで進《すす》む

フェイントによってディフェンスが伸《の》び上《あ》がったスキをついて、ドリブルでゴール下《した》へ侵入《しんにゅう》します。ボールを持《も》ち上《あ》げた姿勢《しせい》からすぐさま低重心《ていじゅうしん》の姿勢をとり、パワードリブルで確実《かくじつ》に進《すす》みましょう。

ボールを上下《じょうげ》させてディフェンスを引《ひ》っ掛《か》ける

1回《かい》のドリブルとステップでディフェンスを抜《ぬ》く。

ゴール下《した》シュートを確実《かくじつ》に決《き》める。

ポンプフェイクとも呼《よ》ばれるシュートすると見《み》せかけて、ディフェンスの重心《じゅうしん》を動《うご》かすフェイントプレーです。ただボールを上《あ》げるだけではフェイントをかけられない可能性《かのうせい》があるので、**目線《めせん》などの細《こま》かいところまで「シュートするぞ」という気持《きも》ちを持《も》って動作《どうさ》することがポイントです。**

ディフェンスはシュートブロックを狙《ねら》って腕《うで》を伸《の》ばしてくるので、がら空《あ》きになったワキから抜《ぬ》き去《さ》りましょう。ジャンプさせることが理想《りそう》ですが、伸《の》び上《あ》がらせるだけでも突破《とっぱ》は可能《かのう》です。シュートフェイントからすぐさま動《うご》き出《だ》して、シュートまでをスムーズに行《おこな》いましょう。

ここが伸《の》びる

前後《まえうし》ろチェンジはスペースを作《つく》り出《だ》せる効果的《こうかてき》なテクニック。別《べつ》のテクニックと組《く》み合《あ》わせることでスペースを有効活用《ゆうこうかつよう》できるようになり、ディフェンスを突破《とっぱ》する能力《のうりょく》が向上《こうじょう》する。

コツ26

レベル ★★★

動画をチェック

複合《ふくごう》テクニック①

前後《まえうし》ろチェンジを応用《おうよう》する

コツ! ストップして前後《まえうし》ろチェンジをしかける。

前《まえ》にスピードをかけてドリブルする。

前後《まえうし》ろチェンジからクイックモーション

まっすぐドリブルをしかけ、ディフェンスが追《お》ってきたところで前後《まえうし》ろチェンジをします。前後《ぜんご》の揺《ゆ》さぶりによって生《う》まれたスペースを埋《う》めようと、ディフェンスは焦《あせ》って近寄《ちかよ》ってくるので、**相手《あいて》の重心《じゅうしん》が前《まえ》に傾《かたむ》いたところでクイックモーション（素早《すばや》いしかけ）で突破《とっぱ》してシュートします。**

緩急《かんきゅう》を使《つか》うことがポイントです。ボールをフロントチェンジで後《うし》ろに引《ひ》いたところから、一気《いっき》に加速《かそく》してディフェンスの背後《はいご》をつきましょう。

コツ!
前《まえ》にスピードをかけて
ドリブルをしかける。
ボールを後《うし》ろに引《ひ》き、
スペースを作《つく》る。
コツ!
突破《とっぱ》して素早《すばや》く
シュートモーションに入《はい》る。
ディフェンスが間《ま》に合《あ》わない
タイミングでシュート。

コツ27

レベル ★★★

複合《ふくごう》テクニック②

ピボットターンを活用《かつよう》する

ここが伸《の》びる

ドリブル後《ご》の動《うご》きではピボットの使《つか》い方《かた》が重要《じゅうよう》になる。素早《すばや》いピボットターンの技術《ぎじゅつ》が身《み》につけば、ディフェンスを翻弄《ほんろう》したり、シュートスペースを作《つく》ってゴールを狙《ねら》えるようになる。

動画をチェック

ふくらむようにドリブルして進《すす》む。
前後《まえうし》ろチェンジを使《つか》ってゴール下《した》へ侵入《しんにゅう》。

前後《まえうし》ろチェンジで進《すす》みゴール下でピボットターン

ゴール正面《しょうめん》あたりでドリブルをしかけ、前後《まえうし》ろチェンジで突破《とっぱ》をはかります。揺《ゆ》さぶりをかけて、ローポストまで侵入《しんにゅう》してストップします。

ドリブルで抜《ぬ》くことができればそのままシュートを狙《ねら》えますが、レベルの高《たか》いディフェンスは対応《たいおう》してきます。抜《ぬ》ききれなかった場合《ばあい》は、ピボットターンでディフェンスを動《うご》かしてシュートスペースを作《つく》ります。**ターンでディフェンスを動《うご》かし、正面《しょうめん》が空《あ》く一瞬《いっしゅん》を見逃《みのが》さずゴールを狙《ねら》いましょう。**

コツ!
ローポストで
ドリブルをストップ。

コツ!
ゴール側《がわ》の足《あし》を軸《じく》に
ピボットターン。

ディフェンスがつられて動《うご》き、
スペースができる。

コツ!
さらに反転《はんてん》してゴールと正対《せいたい》し、
シュートする。

コツ28

レベル ★★★

複合《ふくごう》テクニック③

テクニックをスムーズに組《く》み合《あ》わせる

ここが伸びる

2つのテクニックを連続《れんぞく》でしかけられると、ディフェンスに大《おお》きな揺《ゆ》さぶりをかけることができる。しかしゆっくりの動作《どうさ》では引《ひ》っ掛《か》けられないので、スピーディに行《おこな》える技術《ぎじゅつ》が必要《ひつよう》だ。

動画をチェック

コツ！
踏《ふ》み込《こ》んだ足《あし》を軸《じく》に
ロールターンをしかける。
片足《かたあし》を踏《ふ》み込《こ》んで
間合《まあ》いをつめる。

ロールターンからすぐさまビハインドザバック

ロールターンをしかけると、ディフェンスは回転《かいてん》した方向《ほうこう》に体《からだ》を入《い》れて守《まも》ってきます。進行《しんこう》をさまたげられると突破《とっぱ》できないので、すぐさまビハインドザバックにつなげて逆《ぎゃく》をつきます。流《なが》れるような動作《どうさ》で2つのテクニックを組《く》み合《あ》わせることが重要《じゅうよう》です。**ロールターンでボールを逆《ぎゃく》の腕《うで》に持《も》ち替《か》えると同時《どうじ》に、後《うし》ろにコントロールしてディフェンスを抜《ぬ》き去《さ》ります。**正面《しょうめん》が空《あ》いたらシュートモーションに入《はい》り、ゴールを狙《ねら》いましょう。

持《も》ち替《か》えた手《て》で
ビハインドザバックに移《うつ》る。

回《まわ》り終《お》えたところで
ボールを持《も》ち替《か》える。

ディフェンスの逆《ぎゃく》をつき、
シュートの準備《じゅんび》。

ジャンプシュートで
ゴールを狙《ねら》う。

～小鷹先生《こたかせんせい》のドリブルアドバイス～

ドリブルにデコレーションをして試合《しあい》で活躍《かつやく》しよう！

ディフェンスを抜《ぬ》くためには練習《れんしゅう》にプラスアルファの工夫《くふう》が必要《ひつよう》

ドリブルの練習《れんしゅう》をたくさんすれば、ボールを正確《せいかく》にコントロールできるようになり、スピードなども向上《こうじょう》します。しかし、その練習内容《れんしゅうないよう》が試合《しあい》に直結《ちょっけつ》するかといえば、なかなか難《むずか》しいでしょう。練習通《れんしゅうどお》りのことをしても、実《じっ》際《さい》のゲームでは効果《こうか》が薄《うす》いのです。

練習《れんしゅう》でのドリブルは、パンケーキのようなものです。パンケーキはそのままでも食《た》べられますが、クリームやフルーツといった「デコレーション」が施《ほどこ》されている方《ほう》がずっとおいしいですよね？　ドリブルも同《おな》じで、試合《しあい》でディフェンスを抜《ぬ》くためには、練習《れんしゅう》そのままのテクニックではなく、複数《ふくすう》のテクニックを組《く》み合《あ》わせてドリブルにデコレーションをする必要《ひつよう》があります。

デコレーションする方法《ほうほう》は、リズムチェンジを入《い》れたり、顔《かお》（目線《めせん》）のフェイントで翻弄《ほんろう》したり、低《ひく》いドリブルをしたり……たくさんの種類《しゅるい》が考《かんが》えられます。いろいろな組《く》み合《あ》わせを試《ため》してみましょう。「どうやったらディフェンスを抜《ぬ》けるだろう？」と考《かんが》えながら、工夫《くふう》することがドリブルの上達《じょうたつ》につながります。

PART 3
コンビネーションシュート

ここがの伸びる

パス回《まわ》しではボールの受《う》け方《かた》が重要《じゅうよう》だ。ミート（パスを受《う》けるプレー）からスムーズにゴールの方向《ほうこう》に体《からだ》を向《む》ける“もらい足《あし》”の技術《ぎじゅつ》が身《み》につくと、スムーズにパス交換《こうかん》できるようになる。

コツ29

レベル ★☆☆

パスの受《う》け方《かた》

もらい足《あし》でスムーズにパス交換《こうかん》

動画をチェック

パスをしっかりとキャッチして軽《かる》くジャンプする。

コツ！ ボールマンに向《む》けて両腕《りょううで》をまっすぐ伸《の》ばす。

うまくなるポイント！

ボールマンに体《からだ》を向《む》け パスを受《う》けに走《はし》る

パスを正確《せいかく》に受《う》けられるように、ボールマン（ボールを持《も》つ選手《せんしゅ》）に体《からだ》を向《む》けて走《はし》りましょう。足《あし》は進行方向《しんこうほうこう》に向《む》け、上半身《じょうはんしん》をボールマンに向《む》けます。これにより、ミートでのミスが減《へ》って正確《せいかく》にパスを回《まわ》せます。

コツ！
両足《りょうあし》を揃《そろ》えて
ゴールに体《からだ》の正面《しょうめん》を向《む》ける。

ボールを胸《むね》の前《まえ》で
キープして片足《かたあし》で着地《ちゃくち》。

キャッチと同時《どうじ》に攻撃方向《こうげきほうこう》への視野《しや》を広《ひろ》げる

効果的《こうかてき》なオフェンスをしかけるには、素早《すばや》い状況判断《じょうきょうはんだん》が要求《ようきゅう》されます。そのためには敵味方《てきみかた》の動《うご》きを把握《はあく》する必要《ひつよう》があり、攻撃《こうげき》の場面《ばめん》では常《つね》に視野《しや》を広《ひろ》く持《も》つことが大切《たいせつ》です。もらい足《あし》は視野《しや》をキープできる効果的《こうかてき》なテクニックで、ボールマンに対《たい》して両腕《りょううで》を伸《の》ばして走《はし》り、正確《せいかく》なキャッチからすぐさまゴールの方向《ほうこう》に体《からだ》を向《む》けることでコートの状況《じょうきょう》を確認《かくにん》できます。

ポイントは、パスをキャッチすると同時《どうじ》に軽《かる》くジャンプし、片足《かたあし》ずつの着地《ちゃくち》で体《からだ》の向《む》きを変《か》えることです。ターンして足《あし》のツマ先《さき》をゴールに向《む》け、ボールを体《からだ》の近《ちか》くでキープして、その体勢《たいせい》から次《つぎ》のプレーに移《うつ》ります。

コツ30

レベル ★☆☆

ここが伸《の》びる

スクリーンはボディコンタクトがあるプレー。体《からだ》を当《あ》てる姿勢《しせい》をパワーポジションといい、身《み》につけることでパワー負《ま》けせずしっかりプレーできるようになるので正《ただ》しい姿勢《しせい》をマスターしよう。

スクリーン姿勢《しせい》

スクリーンを正《ただ》しくセットする

体《からだ》が当《あ》たってもバランスを保《たも》てる姿勢《しせい》をとる

ディフェンスの障害物《しょうがいぶつ》となって動《うご》きを妨害《ぼうがい》し、味方《みかた》をサポートするプレーをスクリーンといいます。その際《さい》には、**両足《りょうあし》を開《ひら》いてヒザを曲《ま》げて重心《じゅうしん》を落《お》とした姿勢《しせい》をとります。**腕《うで》は胸《むね》の前《まえ》でクロスさせるのが一般的《いっぱんてき》です。そのほかに下腹部《かふくぶ》のあたりで両手《りょうて》を組《く》む方法《ほうほう》もあるので、やりやすい方法《ほうほう》でスクリーンをかけましょう。パワーポジションをとることでボディコンタクトしてもバランスを保《たも》てるようになり、相手《あいて》の進路《しんろ》を遮断《しゃだん》できます。

うまくなるポイント!

パワーの入《はい》らない姿勢《しせい》はダメ

足幅《あしはば》が狭《せま》く重心《じゅうしん》を落《お》としていなかったり、両手《りょうて》がバラバラの悪《わる》い姿勢《しせい》では、ボディコンタクトで力《ちから》を発揮《はっき》できません。正《ただ》しい姿勢《しせい》で、すぐさまパワーポジションをとれるようになりましょう。一度《いちど》覚《おぼ》えれば、自然《しぜん》に構《かま》えられるようになります。

うまくなるポイント!

スクリーンをセットしたら動《うご》いてはならない

スクリーンをかける際《さい》には、相手選手《あいてせんしゅ》のそばでパワーポジションをとります。これをセットといい、セットしたら動《うご》いてはならず、相手《あいて》を追《お》いかけるとファウルをとられます。この反則《はんそく》をムービングスクリーンといいます。

相手《あいて》のそばに立《た》ってスクリーンをセットする。

セットしてから相手《あいて》を追《お》いかけてスクリーンをかけるとファウル。

コツ31

レベル ★★☆

スクリーンプレー①

マークを外《はず》してノーマークを作《つく》る

ここが伸びる

1対《たい》1で守《まも》るマンツーマンディフェンスは、マークを外《はず》せばチャンスになる。チームプレーでスクリーンをかけるテクニックを身《み》につけて、ノーマークを作《つく》り出《だ》せるようになろう。

トップAからサイドBにパス。スクリーナーCは逆《ぎゃく》サイドからボールサイドへ走《はし》る。

コツ! Bのマークの後《うし》ろでCがスクリーン。BはAにボールを戻《もど》す。

動画をチェック

うまくなるポイント!

セカンドチャンスで攻撃《こうげき》する

スクリーナーはスクリーンをかけたら反転《はんてん》してゴール下《した》に入《はい》ります。これにより、ユーザーがフリーにならなかったときのパスコースを作《つく》れます。これをセカンドチャンスといい、2つの選《せん》択肢《たくし》をもって攻撃《こうげき》できます。

コツ！

ユーザーのＢはマークを外《はず》して、ふくらみながらゴールへと走《はし》る。

ノーマークのＢにＡがパスを出《だ》す。パスを受《う》けたらすぐさまシュートする。

パスを合図《あいず》に連動《れんどう》し シュートチャンスを作《つく》り出《だ》す

スクリーンは複雑《ふくざつ》なので、まずは3対《たい》3でプレーを理解《りかい》しましょう。アウトサイドのトップと両《りょう》サイドに入《はい》っているフォーメーションから、トップのボールマンが一方《いっぽう》のサイドにパスを出《だ》します。この選手《せんしゅ》がユーザー（スクリーンを使《つか》う選手《せんしゅ》）となり、スクリーナー（スクリーンをする選手《せんしゅ》）となる逆《ぎゃく》サイドの選手《せんしゅ》は、パスと同時《どうじ》にボールサイド（ボールのある側《がわ》）に走《はし》ります。

ユーザーはスクリーナーがセットしたところでボールをトップに戻《もど》し、パスからすぐさまゴールに向《む》けて走《はし》ります。**スクリーナーがマークを抑《おさ》えているので、フリーの状態《じょうたい》でパスを受《う》け、シュートすることができます。**

コツ32

レベル ★★☆

スクリーンプレー②

トップの選手《せんしゅ》をフリーにして攻《せ》める

ここが伸びる

コツ31のスクリーンプレーの別《べつ》パターンにトライしよう。トップの選手《せんしゅ》をフリーにする攻撃《こうげき》を身《み》につけることで、スクリーンの理《り》解《かい》をより深《ふか》めてさまざまなパターンに応用《おうよう》できるようになる。

動画をチェック

サイドのボールマンAがトップBへとパスを出《だ》し、同時《どうじ》にスクリーンに走《はし》る。

コツ!

Bは逆《ぎゃく》サイドにパス。Aは Bのマークに対《たい》してセット。

うまくなるポイント!

パスを回《まわ》してチャンスをうかがう

スクリーンをかける前《まえ》にアウトサイドで何度《なんど》かパスを回《まわ》して、ディフェンスを動《うご》かしましょう。ディフェンスの注意《ちゅうい》がボールに集中《しゅうちゅう》したところでスクリーンをかければ、不意《ふい》をつく形《かたち》となり効果的《こうかてき》です。

コツ!

BはAの
後《うし》ろから、
フリーになって
ゴールへ走《はし》る。

サイドの
ボールマンから
ゴール下《した》の
Bにパスを出《だ》し、
そのまま
シュート。

アウトサイドから ゴール下《した》へ一気《いっき》につなぐ

トップと両《りょう》サイドに入《はい》った3対《たい》3からスタートし、アウトサイドでパスを回《まわ》します。サイドの選手《せんしゅ》がスクリーナーとなり、トップにパスすると同時《どうじ》にトップをマークするディフェンスへ、スクリーンをかけに走《はし》ります。ボールマンとなったトップは逆《ぎゃく》サイドにパスしてディフェンスの意識《いしき》を逆《ぎゃく》サイドに向《む》けさせ、すかさずユーザーとなってゴールへ走《はし》ります。**スクリーナーの後《うし》ろから走《はし》り込《こ》めば、ゴール前《まえ》でフリーになることができます。**

ボールを持《も》つ逆《ぎゃく》サイドの選手《せんしゅ》は、ユーザーがフリーになったところでアウトサイドからゴール下《した》にパス。長《なが》いパスを正確《せいかく》に出《だ》せる技術《ぎじゅつ》が必要《ひつよう》です。

コツ33

レベル ★★★

スクリーンプレー③

ドリブルスクリーンでマークを外《はず》す

ここが伸びる

ボールと人《ひと》を同時《どうじ》に、スピーディに大《おお》きく動《うご》かすドリブルスクリーンをマスターすれば、ディフェンスのマーキングを崩《くず》すことができる。守備陣形《しゅびじんけい》を混乱《こんらん》させて、チャンスを作《つく》り出《だ》そう。

アウトサイドの3対《たい》3で、トップのボールマンAが一方《いっぽう》のサイドへドリブルをはじめる。

動画をチェック

コツ! サイドから向《む》かってきたBに、ハンドオフでボールを渡《わた》す。

うまくなるポイント!

ドリブルでインサイドに入《はい》りゴールを狙《ねら》う

アウトサイドでの揺《ゆ》さぶりを何度《なんど》か行《おこな》ってマークが外《はず》れたら、ドリブルで攻《せ》め込《こ》みシュートします。ゴール前《まえ》にスペースができたタイミングを狙《ねら》うのがセオリー。サイドから切《き》り込《こ》んで攻《せ》める方法《ほうほう》もあります。

Bはドリブルで
アウトサイドに
沿《そ》って進《すす》む。
Cは B に
向《む》かって走《はし》る。

コツ!

すれ違《ちが》いざまに
ハンドオフパス。
これを繰《く》り返《かえ》し
行《おこな》う。

人《ひと》とボールを左右《さゆう》に動《うご》かしてノーマークを作《つく》る

トップと両《りょう》サイドをつなぐ半円《はんえん》（スリーポイントライン）に沿《そ》って複数《ふくすう》の選手《せんしゅ》が走《はし》り、ボールと人《ひと》を左右《さゆう》に動《うご》かす連携《れんけい》プレーです。トップのボールマンが一方《いっぽう》のサイドへドリブルし、そのサイドの選手《せんしゅ》が迎《むか》えに行《い》くように走《はし》って近《ちか》づきます。すれ違《ちが》いざまに、ボールを手渡《てわた》しするハンドオフパスでつなぎます。**このとき、ボールマンの外側《そとがわ》でボールを受《う》けることがスムーズにパスを回《まわ》すポイントです。**

パスを受《う》けたらそのままドリブルし、逆《ぎゃく》サイドから上《あ》がってきた選手《せんしゅ》に同《おな》じようにパスします。これを繰《く》り返《かえ》し行《おこな》うことで、ディフェンスは混乱《こんらん》しノーマークを作《つく》り出《だ》せます。

コツ34

レベル ★★★

スクリーンを連続《れんぞく》でかける

スクリーンプレー④

ここが伸びる

スクリーンを使《つか》いながら8の字《じ》を描《えが》く動《うご》きで、両《りょう》サイドを行《い》き来《き》する"8プレー"は、ノーマークを作《つく》り出《だ》す有効《ゆうこう》な攻撃《こうげき》。連携《れんけい》プレーをマスターして、チーム全体《ぜんたい》で攻《せ》め込《こ》もう。

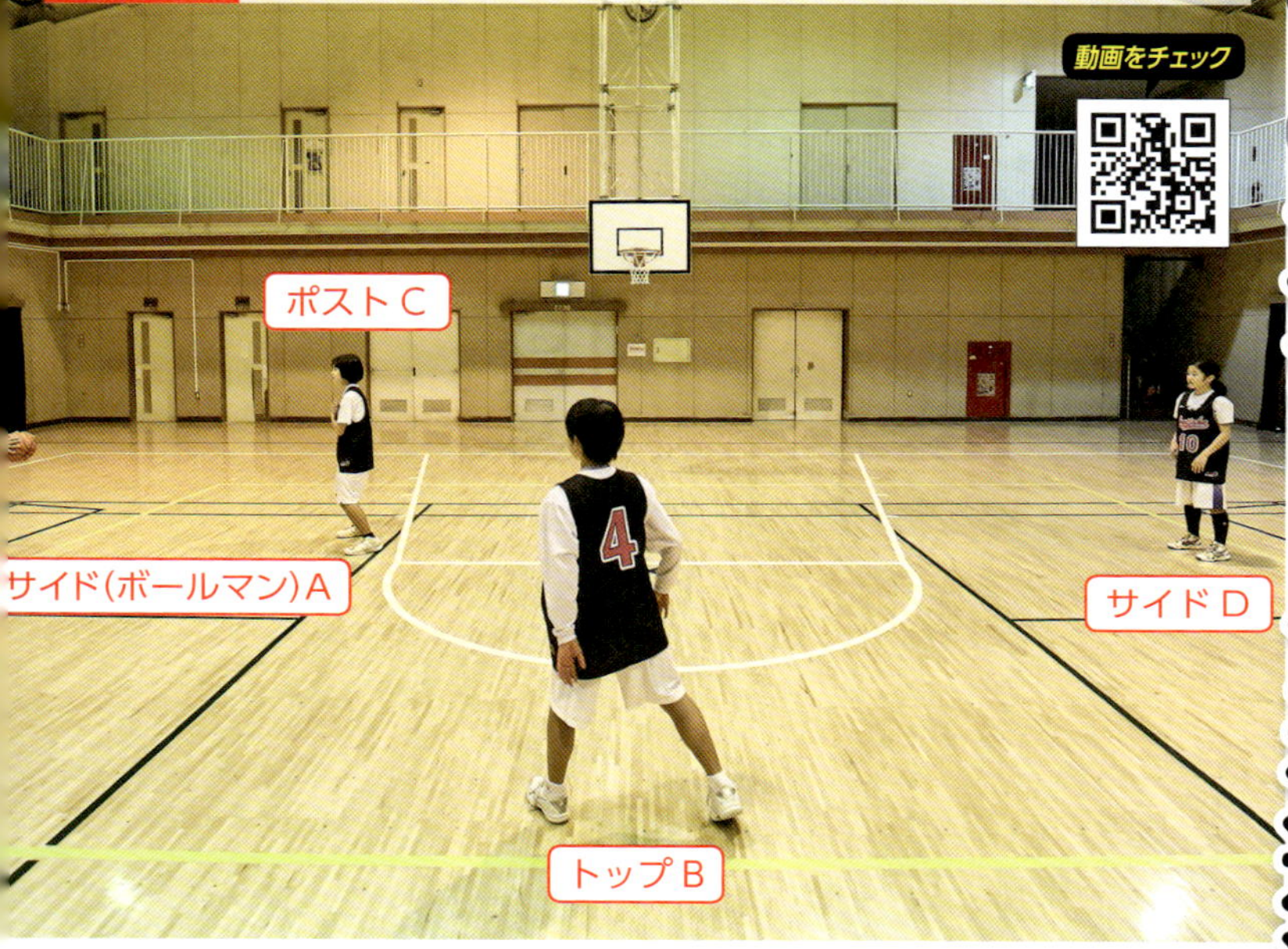

4人《にん》の選手《せんしゅ》が両《りょう》サイドとトップ、ポストに入《はい》る。一方《いっぽう》のサイドがボールマンとなり、ポストはボールマンの前《まえ》でパワーポジション。

うまくなるポイント!

ノーマークができたらゴールを狙《ねら》う

8プレーの目的《もくてき》は、スクリーンの繰《く》り返《かえ》しでノーマークを作《つく》ることです。試合《しあい》ではマークが外《はず》れたところで、トップからパスを出《だ》します。ゴール前《まえ》へのパスがセオリーですが、サイドに展開《てんかい》する方法《ほうほう》も選択《せんたく》できます。

スクリーナーとユーザーがめまぐるしく交代《こうたい》する

サイドのボールマンがユーザーとなり、トップにパスすると同時《どうじ》にポストのスクリーナーを使《つか》ってインサイド（ペイントエリア）に入って、逆《ぎゃく》サイドのポストでスクリーナーとなります。その間《あいだ》にトップからパスを受《う》けてボールマンとなった逆《ぎゃく》サイドの選手《せんしゅ》が、同《おな》じようにトップにボールを戻《もど》し、ユーザーとなって逆《ぎゃく》サイドでスクリーナーとなります。これを両《りょう》サイドで交《こう》互《ご》に繰《く》り返《かえ》します。

サイドからややふくらみながら、ナナメにインサイドへ入《はい》り込《こ》むことがポイントです。この動作《どうさ》を両《りょう》サイドで繰《く》り返《かえ》すと数字《すうじ》の8を描《えが》く軌道《きどう》となるため、8《エイト》プレーと呼《よ》ばれます。

コツ35

レベル ★★☆

ピック①

ボールマンをノーマークにして攻撃《こうげき》

ピッカーB
ユーザー(ボールマン)A
動画をチェック

ここが伸《の》びる

ボールマンをマークするディフェンスに対《たい》するスクリーンをピックという。ピックを使《つか》ってゴール下《した》にスペースを作《つく》るシュートパターンを増《ふ》やそう。インサイドの選手《せんしゅ》がマスターすべきテクニックだ。

ピックはアウトサイドのボールマンとインサイドプレーヤーで行《おこな》うプレー。トップとポストの関係《かんけい》がセオリー。

うまくなるポイント!

2人《り》のディフェンスを引《ひ》きつける

ピッカーは自分《じぶん》をマークするディフェンスを、引《ひ》き連《つ》れてボールマンをサポートします。これによってゴール付近《ふきん》にいたディフェンスを高《たか》い位置《いち》まで釣《つ》り出《だ》すことができ、ゴール下《した》にスペースができます。

内《うち》と外《そと》の連携《れんけい》でチャンスを作《つく》り出《だ》す

ピックはスクリーンの一種《いっしゅ》で、インサイドに切《き》り込《こ》む有効《ゆうこう》なプレーです。ボールマンがアウトサイドでぴったりとマークにつかれている場面《ばめん》などで、ポストからポジションを上《あ》げてしかけます。**ピッカー（ピックをかける選手）はボールマンをマークするディフェンスに対《たい》して横《よこ》からセット**し、タイミングを合《あ》わせてボールマンがピッカーの方向《ほうこう》にドリブルします。ディフェンスはボールマンについていけなくなり、フリーで攻《せ》め込《こ》むことができます。

ピックのかけ方《かた》はスクリーンと同様《どうよう》なので、ボールマンにサインを出《だ》しつつ近《ちか》づき、パワーポジションをとって進路《しんろ》を遮断《しゃだん》しましょう。

ここが伸《の》びる

ディフェンスがマークをスイッチ（交代《こうたい》）することでピックに対応《たいおう》してきた場面《ばめん》では、ピック&ロールが効果的《こうかてき》。ピックからすぐさまフリーになるテクニックで、攻撃《こうげき》の成功率《せいこうりつ》を上《あ》げよう。

コツ36

レベル ★★☆

動画をチェック

ピック②

ピック&ロールでゴールを狙《ねら》う

コツ！
ゴール前《まえ》でパスを受《う》けてフリーでシュートする。
ピッカー
コツ！
ピックをかけたら、ピッカーは反転《はんてん》してゴール下《した》に入《はい》る。

ピックからすぐさまターン ゴール下《した》でパスを受《う》ける

コツ35の応用《おうよう》のパターンです。トップのボールマンをマークするディフェンスにピックをかけ、**ボールマンがドリブルで通過《つうか》したらピッカーはすぐさま背中《せなか》からターンし、ゴールに体《からだ》を向《む》けます。**ディフェンスはボールマンに気《き》をとられているので、ゴール下《した》に入《はい》ればフリーでパスを受《う》けてシュートできます。このテクニックをピック&ロールといいます。ピック後《ご》のターンを徹底《てってい》して、チャンスを広《ひろ》げましょう。

PART 4

オフェンス能力《のうりょく》アップ トレーニング

コツ37

レベル ★☆☆

ボールハンドリング①

高《たか》く上《あ》げたボールをバウンドさせてとる

ここが伸びる

試合《しあい》ではボールを動《うご》かしたり、動《うご》くボールをキャッチする場面《ばめん》が多《おお》くある。投《な》げる・とるの動作《どうさ》を行《おこな》うハンドリング練習《れんしゅう》に取《と》り組《く》み、実戦的《じっせんてき》なハンドリング能力《のうりょく》を身《み》につけよう。

動画をチェック

バウンドボールキャッチ

両手《りょうて》で持《も》ったボールをやや前方向《まえほうこう》へ高《たか》く投《な》げ上《あ》げる。

落下点《らっかてん》を見極《みきわ》めて、落《お》ちてくるのを低重心《ていじゅうしん》の姿勢《しせい》で待《ま》つ。

コツ！ ボールのバウンド直後《ちょくご》にキャッチ。これを繰《く》り返《かえ》す。

うまくなるポイント！

上《うえ》からかぶせるようにボールをとめる

高《たか》く上《あ》がり勢《いきお》いのついたボールはスピードがあるので、キャッチのタイミングが難《むずか》しいでしょう。バウンドに合《あ》わせて上《うえ》から両手《りょうて》をかぶせるようにすることで、しっかり受《う》け止《と》めましょう。

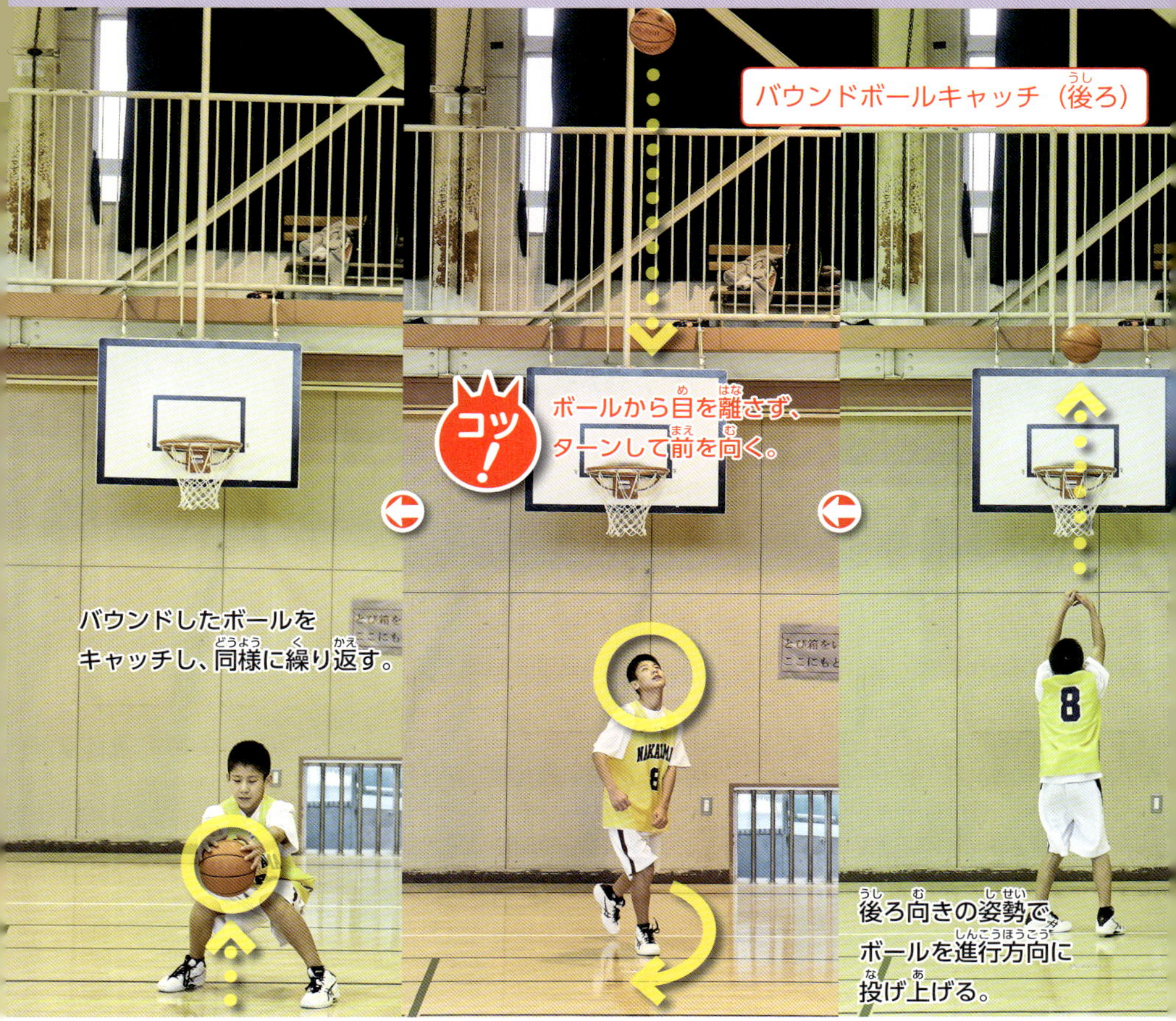

前《まえ》に移動《いどう》しながらボールを正確《せいかく》にキャッチ

ボールを高《たか》く投《な》げ上《あ》げ、落下《らっか》してくるのを待《ま》ってバウンド直後《ちょくご》にキャッチするボールハンドリング練習《れんしゅう》です。投《な》げ上《あ》げるのは真上《まうえ》ではなく、やや角度《かくど》をつけて前《まえ》に進《すす》みながら行《おこな》うことがポイントです。コートの端《はし》に立《た》ち、エンドラインから逆側《ぎゃくがわ》のエンドラインまで行《おこな》いましょう。

投《な》げたボールの落下点《らっかてん》を見極《みきわ》めることが大切《たいせつ》で、より速《はや》く移動《いどう》してキャッチの準備《じゅんび》をできるように意識《いしき》しましょう。特《とく》に後《うし》ろ向《む》きで行《おこな》うバウンドキャッチは、投《な》げるのもキャッチするのも難易度《なんいど》が高《たか》いので、ボールから目《め》を離《はな》さずに取《と》り組《く》みましょう。練習《れんしゅう》することで、基礎技術《きそぎじゅつ》が向上《こうじょう》します。

コツ38

レベル ★☆☆

ボールハンドリング②

ボールを手《て》で正確《せいかく》に扱《あつか》う

ここが伸びる

コートを縦断《じゅうだん》してボールハンドリングを身《み》につける練習《れんしゅう》。ジャンプキャッチではリバウンドのキャッチング能力《のうりょく》、足通《あしとお》しハンドリングではハンドリングのコントロールを鍛《きた》えられる。

動画をチェック
ジャンプキャッチ
バウンドボールキャッチ同様《どうよう》、ボールを高《たか》く投《な》げ上《あ》げる。
両足《りょうあし》で着地《ちゃくち》し、両手《りょうて》でボールをキープ。左右交互《さゆうこうご》に連続《れんぞく》で行《おこな》う。
コツ!
ジャンプして、最高点《さいこうてん》でボールを片手《かたて》でキャッチする。

うまくなるポイント!

ジャンプなしで行《おこな》い難易度《なんいど》を下《さ》げる

リバウンドでは片手《かたて》でボールをとって体《からだ》に引《ひ》き寄《よ》せ、ボールを両手《りょうて》でキープします。いきなりジャンプしながらこの動作《どうさ》を行《おこな》うのは難《むずか》しいので、最初《さいしょ》はジャンプなしで行《おこな》うと良《よ》いでしょう。

足通《あしとお》しハンドリング
コツ!
一方《いっぽう》のヒザを上《あ》げて、ボールを反対方向《はんたいほうこう》からその下《した》に通《とお》す。
逆《ぎゃく》の手《て》にボールを受《う》け渡《わた》し、ヒザを下《お》ろして一歩前《いっぽまえ》へ。
逆側《ぎゃくがわ》も同様《どうよう》に行《おこな》い、連続《れんぞく》の動作《どうさ》で一歩《いっぽ》ずつ前《まえ》に進《すす》んで行《い》く。

うまくなるポイント!

後《うし》ろ向《む》きで練習《れんしゅう》難易度《なんいど》を上《あ》げる

足通《あしとお》しハンドリングは基礎《きそ》練習《れんしゅう》です。スムーズに行《おこな》えるようになったら、後《うし》ろ向《む》きでの練習《れんしゅう》にもトライしてレベルを上《あ》げましょう。後《うし》ろに踏《ふ》み込《こ》みながら逆《ぎゃく》のヒザを上《あ》げる複雑《ふくざつ》な動作《どうさ》となるので、ハンドリングを鍛《きた》えるより有効《ゆうこう》な練習《れんしゅう》となります。

コツ39

レベル ★☆☆

ボールハンドリング③

ドリブルに別《べつ》の動作《どうさ》をプラスする

ここが伸びる

ドリブル能力《のうりょく》を高《たか》めるには、ボールを安定的《あんていてき》につきながら同時《どうじ》に別《べつ》の動作《どうさ》を行《おこな》える技術《ぎじゅつ》が必要《ひつよう》だ。ドリブルのボールハンドリングに取《と》り組《く》んで、ドリブルの精度《せいど》を高《たか》め、突破力《とっぱりょく》を向上《こうじょう》させよう。

ボールを持《も》っていない方《ほう》の手《て》で、壁《かべ》にタッチする。

壁《かべ》の前《まえ》でドリブルして、ボールを左右《さゆう》に動《うご》かす。

ドリブルを安定《あんてい》させて逆《ぎゃく》の手《て》でタッチする

ドリブルしながら行《おこな》うボールハンドリングです。低《ひく》い姿勢《しせい》でドリブルしながら、別《べつ》の動作《どうさ》を同時《どうじ》に行《おこな》う練習《れんしゅう》となります。**フロンチェンジの連続《れんぞく》でボールを左右《さゆう》に動《うご》かすドリブルを、安定的《あんていてき》に行《おこな》うことが大切《たいせつ》です。**

強弱《きょうじゃく》やバウンドの位置《いち》がバラバラだと、手《て》で壁《かべ》や床《ゆか》をタッチする動作《どうさ》を練《れん》動《どう》して行えません。リズミカルにドリブルすることがポイントになるので、意識《いしき》して練習《れんしゅう》に取《と》り組《く》みましょう。

床《ゆか》タッチ
低重心《ていじゅうしん》でドリブルし、ボールを左右《さゆう》に動《うご》かす。

ボールを持《も》っていない方《ほう》の手《て》で、床《ゆか》にタッチする。

コツ!

ボールを持《も》たない手《て》を床《ゆか》に伸《の》ばす

床《ゆか》タッチはその場《ば》で、ボールを左右《さゆう》に動《うご》かしながらドリブルし、ボールを持《も》っていない側《がわ》の手《て》で床《ゆか》に触《ふ》れる練習《れんしゅう》です。重心《じゅうしん》を低《ひく》く保《たも》たなければならないので、壁《かべ》タッチよりも姿勢《しせい》のキープが強調《きょうちょう》されます。低重心《ていじゅうしん》でもボールをつける能力《のうりょく》が身《み》につけば、ドリブルにメリハリがつきレベルアップします。

2人組《りぐみ》タッチ
2人《り》1組《くみ》で正対《せいたい》し、互《たが》いにドリブルしてボールを左右《さゆう》に動《うご》かす。

ボールを持《も》っていない方《ほう》の手《て》で、互《たが》いの手《て》を伸《の》ばしてタッチする。

コツ!

2人《り》でドリブルのリズムを合《あ》わせる

2人組《りぐみ》タッチは2人《り》が近《ちか》い距離《きょり》で向《む》かい合《あ》い、同時《どうじ》にその場《ば》でドリブルします。ボールを左右《さゆう》に動《うご》かしながら、握手《あくしゅ》のように互《たが》い違《ちが》いの手《て》でタッチし合《あ》う練習《れんしゅう》なので、相《あい》手《て》とタイミングを合《あ》わせてドリブルしなければなりません。リズムを崩《くず》さずに、相手《あいて》と合《あ》わせてドリブルすることがポイントになります。

ここが の 伸びる

試合《しあい》では素早《すばや》く正確《せいかく》にシュートできる技術《ぎじゅつ》が必要《ひつよう》です。この練習《れんしゅう》に取《と》り組《く》むことで、パスミートからゴールを狙《ねら》うまでの実戦的《じっせんてき》なテクニックを、スムーズに行《おこな》う技術《ぎじゅつ》が身《み》につきます。

コツ 40

レベル ★★☆

シューティングドリル①

ボールミートから素早《すばや》くシュートする

もらい足《あし》を駆使《くし》して スピーディに動作《どうさ》する

フリースローラインの延長線上《えんちょうせんじょう》にあるサイドの位置《いち》に、それぞれ複数人《ふくすうにん》の選手《せんしゅ》が並《なら》びます。一方《いっぽう》の先頭《せんとう》の選手《せんしゅ》がゴールの正面《しょうめん》へとまっすぐ走《はし》り込《こ》み、逆《ぎゃく》サイドの先頭《せんとう》の選手《せんしゅ》がフリースローラインでシュートできるようにパスします。**パスを受《う》けたらもらい足《あし》ですぐさまゴールに体《からだ》を向《む》け、フリースローライン上《じょう》でジャンプシュートします。**

スピーディに行《おこな》うことを意識《いしき》し、シュートしたらボールを拾《ひろ》って逆《ぎゃく》サイドの列《れつ》に並《なら》びます。

両《りょう》サイドの高《たか》い位置《いち》にボールを持《も》って並《なら》び、ボールを持《も》たない先頭《せんとう》の選手《せんしゅ》がフリースローラインへ走《はし》る。

逆《ぎゃく》サイドの先頭《せんとう》の選手《せんしゅ》が、タイミングを合《あ》わせてパス。フリースローライン中央《ちゅうおう》でボールを受《う》ける。

ボールミートからすぐさまジャンプシュート。同《どう》時《じ》にパスを出《だ》した選手《せんしゅ》が中央《ちゅうおう》へ走《はし》りはじめる。

同《おな》じようにパスを受《う》けてシュート。シュートしたら逆《ぎゃく》サイドの列《れつ》に並《なら》ぶ。これを繰《く》り返《かえ》し行《おこな》う。

コツ41

レベル ★★☆

ここが伸びる

アウトサイドからインサイドに入《はい》り込《こ》んでのシュートは、オフェンスのセオリーのひとつ。トップとコーナーから走《はし》り込《こ》んでシュートするパターンを身《み》につけて、得点力《とくてんりょく》を高《たか》めよう。

トップ＆コーナーシューティング
動画をチェック

シューティングドリル②

トップとコーナーからシュートする

アウトサイドからのシュートパターンを鍛《きた》える

トップと一方《いっぽう》のコーナーに複数人《ふくすうにん》の選手《せんしゅ》が並《なら》び、トップの選手《せんしゅ》がコーナーに向《む》かって走《はし》ります。コーナーの選手《せんしゅ》はハイポストでボールを受《う》けられるように、タイミングを合《あ》わせてパスします。**ボールミートからワンステップでゴールと正対《せいたい》し、角度《かくど》のある位置《いち》からシュートします。**

コーナーからのパターンでも同様《どうよう》に行《おこな》い、連続《れんぞく》してシュートするシューティングドリルです。2方向《ほうこう》からの連携《れんけい》を同時《どうじ》に身《み》につけましょう。

トップとコーナーに選手《せんしゅ》が並《なら》び、ボールを持《も》たないトップの先頭《せんとう》の選手《せんしゅ》がハイポストへパスを受《う》けに走《はし》る。

コーナーの先頭《せんとう》の選手《せんしゅ》からのパスを受《う》け、ハイポストからすぐさまシュート。ボールを拾《ひろ》ってコーナーの列《れつ》に並《なら》ぶ。

パスをしてボールを失《うしな》ったコーナーの選手《せんしゅ》が、ハイポストに走《はし》り込《こ》み、トップからパスを受《う》ける。

ハイポストでシュートし、ボールを拾《ひろ》ってトップの列《れつ》に並《なら》ぶ。これを繰《く》り返《かえ》し行《おこな》う。

ここが伸びる

シュートできるスペースを見《み》つけることが、オフェンスの成功率《せいこうりつ》を高《たか》めるポイントになる。4ヶ所《しょ》から有効《ゆうこう》な場所《ばしょ》を見《み》つけてシュートする練習《れんしゅう》に取《と》り組《く》んで、状況判断《じょうきょうはんだん》の能力《のうりょく》を鍛《きた》えよう。

コツ42

レベル ★★★

動画をチェック

シューティングドリル③

状況判断《じょうきょうはんだん》してゴールを狙《ねら》う

ドリブルシューティング
ハイポスト
ローポスト
ハイポスト
ローポスト

4ヶ所《しょ》からスペースを見《み》つけてシュートする

トップの位置《いち》に全員《ぜんいん》がボールを持《も》って並《なら》び、1人《り》ずつドリブルしてジャンプシュートでゴールを狙《ねら》います。シュートする位置《いち》は両《りょう》サイドのハイポストとローポストの4ヶ所《しょ》で、シュートしやすい位置《いち》を選《えら》んでドリブルします。

ポイントは、スペースのある位置《いち》を素早《すばや》い状況判断《じょうきょうはんだん》で選《えら》ぶこと。得意《とくい》なところでシュートするのではなく、コートの状況《じょうきょう》を見《み》てシュートしやすい位置《いち》を瞬時《しゅんじ》に判断《はんだん》することが大切《たいせつ》です。これが試合《しあい》での判断力《はんだんりょく》につながります。

トップの位置《いち》に選手全員《せんしゅぜんいん》がボールを持《も》って並《なら》び、先頭《せんとう》の選手《せんしゅ》がドリブルでインサイドに入っていく。

両《りょう》サイドのハイポストとローポストの4ヶ所《しょ》から、シュートする位置《いち》を選《えら》んでゴールを狙《ねら》う。

シュートがゴールに到達《とうたつ》したところで、次《つぎ》の選手《せんしゅ》がドリブル。スペースのある位置《いち》へ進《すす》んでシュート。

すぐさま状況判断《じょうきょうはんだん》して、シュートしやすい位置《いち》を見《み》つけてドリブルする。これを繰《く》り返《かえ》す。

コツ 43

レベル ★★☆

ドリブル練習《れんしゅう》①

鋭《するど》い切《き》り返《かえ》しでジグザグに進《すす》む

フロントチェンジ練習《れんしゅう》
動画をチェック
体《からだ》の前《まえ》でバウンドさせて切《き》り返《かえ》す。
コツ!
進行方向側《しんこうほうこうがわ》の手《て》でボールを持《も》ち、横《よこ》に上《あ》げる。

ここが伸びる

ドリブルで突破《とっぱ》を狙《ねら》う場面《ばめん》で、急激《きゅうげき》な方向転換《ほうこうてんかん》ができるとディフェンスを抜《ぬ》きやすくなる。ボールを素早《すばや》く自在《じざい》にコントロールする技術《ぎじゅつ》を身《み》につけて、切《き》れ味《あじ》の鋭《するど》い切《き》り返《かえ》しをマスターしよう。

うまくなるポイント!

列《れつ》を作《つく》ってドリブルでコートを縦断《じゅうだん》

エンドラインに2～4ほど列《れつ》を作《つく》って、同時《どうじ》にドリブルを開始《かいし》します。ぶつからないように、ジグザグに逆《ぎゃく》側《がわ》のエンドラインまで進《すす》みます。サイドラインからのコート横断《おうだん》でもOKです。

レッグスルー練習《れんしゅう》
ナナメにドリブルで進《すす》む。
コツ!
足《あし》を前後《ぜんご》に開《ひら》いて、
その間《あいだ》にボールを通《とお》す。
ボールを持《も》ち替《か》えて、
方向転換《ほうこうてんかん》する。

テクニックを使《つか》って方向転換《ほうこうてんかん》を繰《く》り返《かえ》す

ドリブルテクニックを反復《はんぷく》して行《おこな》い、体《からだ》に覚《おぼ》え込《こ》ませる練習《れんしゅう》です。ナナメへのドリブルと切《き》り返《かえ》しを組《く》み合《あ》わせ、逆側《ぎゃくがわ》のエンドラインまで進《すす》みます。**テクニックを正確《せいかく》に行《おこな》い、鋭《するど》い切《き》り返《かえ》しをマスターすることがポイントです。**フロントチェンジでは進行方向側《しんこうほうこうがわ》の足《あし》を踏《ふ》み込《こ》み、ボールを横《よこ》に上《あ》げてタメを作《つく》ったところから、ボールを逆《ぎゃく》にコントロールして方向転換《ほうこうてんかん》します。レッグスルーでは即座《そくざ》に足《あし》を前後《ぜんご》に大《おお》きく開《ひら》いた体勢《たいせい》を作《つく》り、ボールを体《からだ》の真下《ました》でバウンドさせて逆側《ぎゃくがわ》の手《て》に持《も》ち替《か》えます。この練習《れんしゅう》は、ビハインドザバックなどその他《た》の切《き》り返《かえ》しのテクニックでも行《おこな》うことができます。

ここが伸びる

前後《まえうし》ろチェンジをスムーズに行《おこな》えるようになると、試合《しあい》でディフェンスとの間合《まあ》いを広《ひろ》げて、スペースを活《い》かした突破《とっぱ》が可能《かのう》になる。緩急《かんきゅう》のあるドリブルを身《み》につけて、攻撃力《こうげきりょく》を高《たか》めよう。

コツ44

レベル ★★☆

ドリブル練習《れんしゅう》②

前後《まえうし》ろチェンジの精度《せいど》を高《たか》める

動画をチェック

前後《まえうし》ろチェンジ練習《れんしゅう》

コツ!

ボールを後《うし》ろにバウンドさせて、ボールを持《も》ち替《か》える。

ナナメにドリブルし、ボールを進行方向側《しんこうほうこうがわ》の手《て》で持《も》ってとまる。

うまくなるポイント!

弧《こ》を描《えが》くようにドリブルする

前後《まえうし》ろチェンジでは直線的《ちょくせんてき》なドリブルではなく、弧《こ》を描《えが》くように動《うご》くことが大切《たいせつ》です。ストップしたところから、後《うし》ろ方向《ほうこう》に半円《はんえん》の軌《き》道《どう》で進《すす》むイメージを持《も》って練習《れんしゅう》に取《と》り組《く》みましょう。

コツ!
逆側《ぎゃくがわ》でも前後《まえうし》ろチェンジ。
これを繰《く》り返《かえ》しながら進《すす》む。
ふくらみながらドリブルし、
逆側《ぎゃくがわ》に移動《いどう》する。

ダイナミックに動《うご》く テクニックを身《み》につける

前後《まえうし》ろチェンジでディフェンスとの間《あいだ》にスペースを作《つく》るためには、大《おお》きくダイナミックな動《うご》きを素早《すばや》く行《おこな》える技《ぎ》術《じゅつ》が必要《ひつよう》です。テクニックを左右交互《さゆうこうご》に繰《く》り返《かえ》すドリブル練習《れんしゅう》に取《と》り組《く》み、精度《せいど》を高《たか》めましょう。

ポイントは、ドリブルストップから後《うし》ろへボールを動《うご》かす動作《どうさ》にメリハリをつけること。しっかりと足《あし》を踏《ふ》み込《こ》んでボールをとめたところから、後方《こうほう》へのフロントチェンジで切《き》り返《かえ》して方《ほう》向転換《こうてんかん》します。このとき、ふくらむようなドリブルで弧《こ》を描《えが》いて逆《ぎゃく》サイドへ進《すす》むことが大切《たいせつ》です。常《つね》にディフェンスをイメージしながら取《と》り組《く》み、上達《じょうたつ》を目指《めざ》しましょう。

コツ45

レベル ★★★

ドリブル練習《れんしゅう》③

両手《りょうて》でボールをコントロールする

ここが伸びる

ボールを両手《りょうて》で同時《どうじ》にドリブルする動作《どうさ》は、難易度《なんいど》が高《たか》い。取《と》り組《く》むことで、コントロール能力《のうりょく》を鍛《きた》えることができる。ボールを失《うしな》わずにドリブルできるように練習《れんしゅう》して、正確性《せいかくせい》を高《たか》めよう。

動画をチェック

ボール2個《こ》ドリブル

半分《はんぶん》まで進《すす》んだら、後《うし》ろに下《さ》がって最初《さいしょ》の位置《いち》まで戻《もど》る。

コツ！ 両手《りょうて》でボールを持《も》ち、低《ひく》くドリブルする。

うまくなるポイント！

目線《めせん》を前《まえ》に向《む》けてドリブルする

両手《りょうて》で同時《どうじ》にドリブルするのは難《むずか》しいですが、通常《つうじょう》のドリブルと同《おな》じく目線《めせん》を前《まえ》に向《む》けたままキープしましょう。リズムを一定《いってい》にすれば、手《て》の感覚《かんかく》だけでドリブルを安定《あんてい》させることができます。

コツ！
両手《りょうて》でドリブルしながらダッシュする。

最初《さいしょ》の位置《いち》まで後退《こうたい》したら
体《からだ》を持《も》ち上《あ》げ
前《まえ》に重心《じゅうしん》をかける。

最初《さいしょ》は低《ひく》くゆっくり後退《こうたい》したらダッシュ

両手《りょうて》でボールを持《も》ってドリブルします。**前半《ぜんはん》はヒザを深《ふか》く曲《ま》げて重心《じゅうしん》を落《お》とし、低《ひく》い位置《いち》でドリブルします。**中《ちゅう》間地点《かんちてん》まで進《すす》んだら、前向《まえむ》きのまま後《うし》ろに下《さ》がり、最初《さいしょ》の位置《いち》に戻《もど》ったところでトップスピードで駆《か》け抜《ぬ》けます。極端《きょくたん》な2つの動作《どうさ》を1つの練習《れんしゅう》で同時《どうじ》に行《おこな》うことで、ボールのコントロール能力《のうりょく》をより鍛《きた》えられるようになります。

難《むずか》しい動作《どうさ》なので、最初《さいしょ》はゆっくりの動《うご》きでもOKです。慣《な》れてきたところから徐々《じょじょ》にスピードを上《あ》げていきましょう。サイドラインからサイドラインへの横断《おうだん》に距離《きょり》を短《みじか》くするのも、難《なん》易度《いど》を下《さ》げる方法《ほうほう》のひとつですのでレベルに応《おう》じて練習《れんしゅう》しましょう。

コツ46

レベル ★★★

2メン

状況判断《じょうきょうはんだん》しながら2メンを行《おこな》う

ここが伸びる

試合《しあい》では、ゴールに向《む》かっていく最《もっと》も効果的《こうかてき》なプレーを攻《せ》めながら考《かんが》える必要《ひつよう》がある。次《つぎ》のプレーを選択《せんたく》しながら取《と》り組《く》む"考《かんが》える2メン"で、実戦的《じっせんてき》な状況判断《じょうきょうはんだん》の能力《のうりょく》を身《み》につけよう。

動画をチェック

うまくなるポイント！

パスの使《つか》い分《わ》けを身《み》につける

バックコート（自陣《じじん》ゴール側《がわ》の半面《はんめん》）では通常《つうじょう》のパスで素早《すばや》くつなぎ、フロントコート（敵陣《てきじん》ゴール側《がわ》の半《はん》面《めん》）ではバウンドパスを使《つか》います。パスを使《つか》い分《わ》けることで、ボールが奪《うば》われにくくなります。

コツ! ローポストを経由《けいゆ》してシュート

①センターラインを越《こ》えた時点《じてん》でサイドの選手《せんしゅ》がボールを持《も》っていたら、中央側《ちゅうおうがわ》の選手《せんしゅ》がその正面《しょうめん》に入《はい》ってパスを受《う》ける。②サイドの選手《せんしゅ》はパスを出《だ》すと同時《どうじ》にゴール下《した》へ走《はし》り、リターンパスを受《う》けてシュート。

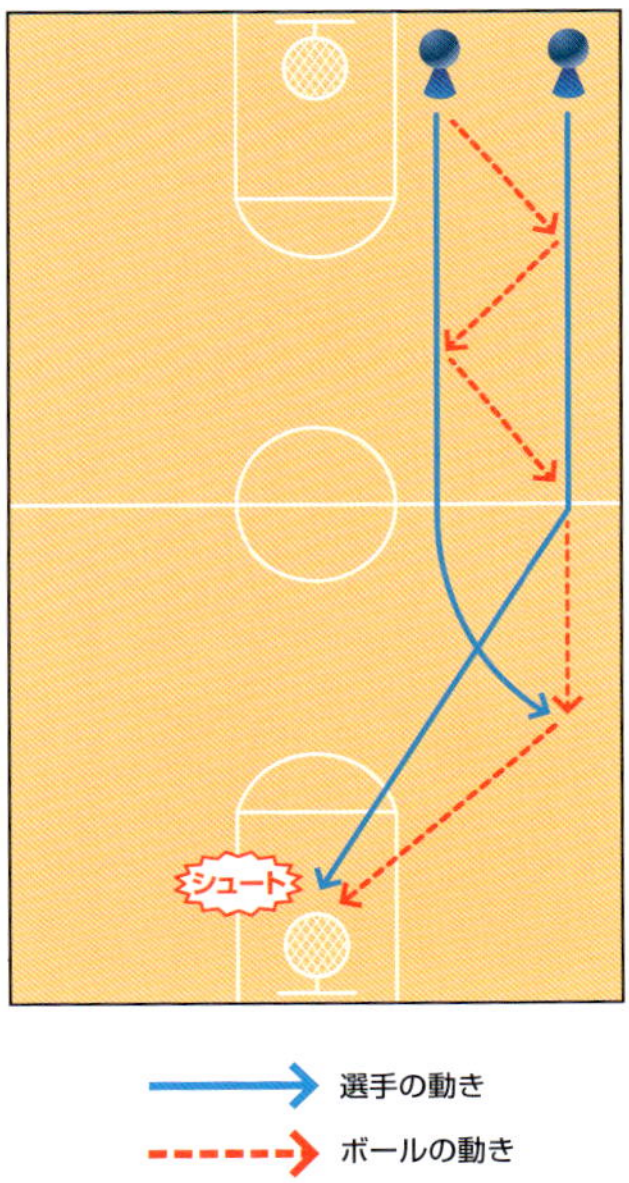
シュート
選手の動き
ボールの動き

サイド側《がわ》の選手《せんしゅ》がボールを持《も》つ

コツ! 直接《ちょくせつ》ゴール下《した》に入《はい》ってシュート

①センターラインを越《こ》えた時点《じてん》で中央側《ちゅうおうがわ》の選手《せんしゅ》がボールを持《も》っていたら、サイド側《がわ》の選手《せんしゅ》はゴール下《した》へ入《はい》る。②すぐシュートできる位置《いち》にパスを出《だ》し、ボールミートからそのままドリブルなしでゴールを狙《ねら》う。

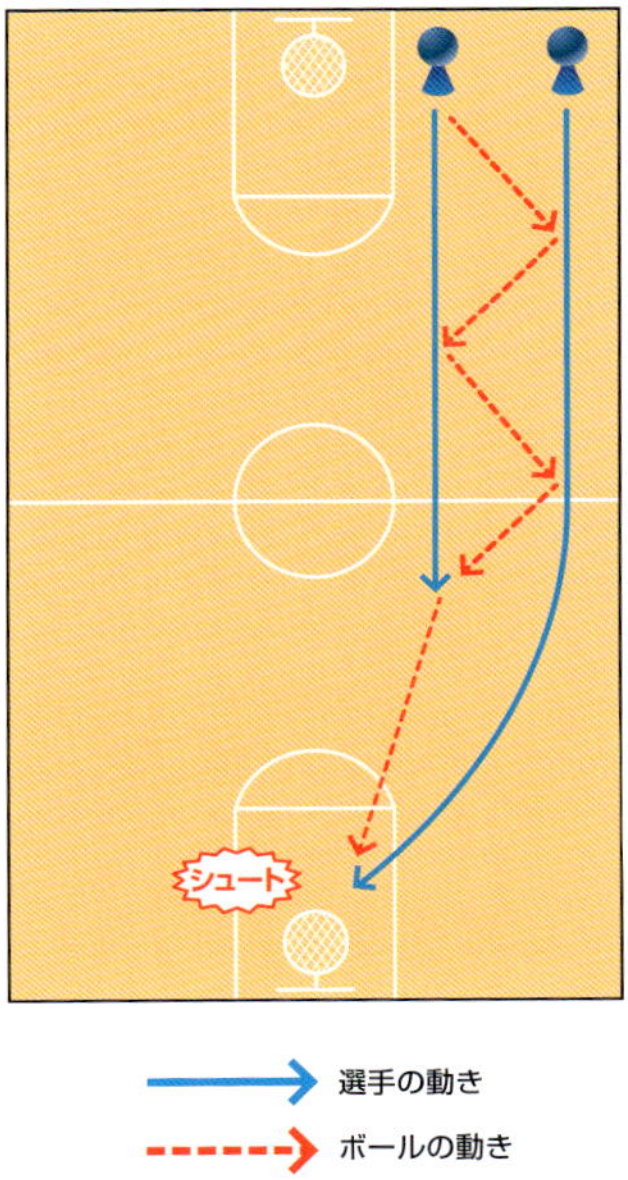
シュート
選手の動き
ボールの動き

中央側《ちゅうおうがわ》の選手《せんしゅ》がボールを持《も》つ

素早《すばや》くボールを回《まわ》し効果的《こうかてき》な攻撃《こうげき》を考《かんが》える

2メンは2人《り》の選手《せんしゅ》でボールをテンポよくドリブルなしで回《まわ》し、自陣《じじん》からゴールをまで進《すす》んでシュートする練習《れんしゅう》です。ただパスを回《まわ》してシュートするだけでなく、**状況判断《じょうきょうはんだん》の要素《ようそ》を追加《ついか》するとより効果的《こうかてき》な練習《れんしゅう》になります。**

コートのタテ半分《はんぶん》を使《つか》って、エンドラインから走《はし》りながらボールを交換《こうかん》して進《すす》みます。センターラインを越《こ》えたところで、ボールをどちらが持《も》っているかで次《つぎ》のプレーを判断《はんだん》します。中央《ちゅうおう》側《がわ》の選《せん》手《しゅ》が持《も》っていたらもう一方《いっぽう》の選手《せんしゅ》がゴール下《した》に入《はい》って最短距離《さいたんきょり》でゴールを狙《ねら》い、サイドの選手《せんしゅ》が持《も》っていたら中央側《ちゅうおうがわ》の選手《せんしゅ》が正面《しょうめん》に入《はい》り、2本《ほん》のパス交換《こうかん》でチャンスを作《つく》ります。

コツ＋α

レベル ★☆☆

ここが伸《の》びる

30秒走《びょうそう》をメニューに加《くわ》えることで、オフェンスタイムを全力《ぜんりょく》で走《はし》り切《き》る体力《たいりょく》を身《み》につけることができる。バスケットに適《てき》したスタミナ作《づく》りに取《と》り組《く》み、トップスピードでゴールへ攻《せ》め込《こ》もう。

動画をチェック

30秒走《びょうそう》 全力疾走《ぜんりょくしっそう》とジョギングを繰《く》り返《かえ》す

うまくなるポイント！

30秒《びょう》を体《からだ》に覚《おぼ》え込《こ》ませる

“30秒《びょう》ルール”という一回《いっかい》の攻撃《こうげき》を30秒間《びょうかん》で終《お》えなくてはならない決《き》まりがあります。30秒走《びょうそう》で時間《じかん》の感覚《かんかく》を身《み》につけることで、タイムオーバーすることなく攻《せ》め切《き》れるようになります。

コツ！ ジョギングを間《あいだ》にはさむ

全力《ぜんりょく》で走《はし》ったら、次《つぎ》の30秒《びょう》はジョギング。ダッシュとジョギングを繰《く》り返《かえ》す。

コツ！ 全力疾走《ぜんりょくしっそう》を30秒間《びょうかん》キープ

トップスピードで、30秒間走《びょうかんはし》り切《き》る。体力的《たいりょくてき》につらくても、全力《ぜんりょく》を出《だ》すことが大切《たいせつ》。

ダッシュとジョギングをそれぞれ30秒《びょう》交互《こうご》に行《おこな》う

コートの四隅《よすみ》にコーンを置《お》き、その周囲《しゅうい》を走《はし》ります。30秒間《びょうかん》でダッシュとジョギングを繰《く》り返《かえ》す練習《れんしゅう》となります。**ダッシュではトップスピードで力《ちから》を抜《ぬ》かずにキープし、ジョギングでは息《いき》を整《ととの》えて次《つぎ》のダッシュに備《そな》えます。**

ダッシュとジョギングの1分間《ぷんかん》を、3~6セットほど行《おこな》いましょう。6セットとなると体力的《たいりょくてき》にかなりハードですが、1クォーターが6分間《ぷんかん》なので走《はし》り切《き》れるスタミナが身《み》につくと、試合《しあい》でパフォーマンスを落《お》とさずプレーし続《つづ》けられるでしょう。オフェンスタイムとクォータータイムを体《からだ》に覚《おぼ》え込《こ》ませて、試合《しあい》に活《い》かしましょう。

ここが伸びる

素早《すばや》くステップする動作《どうさ》によって俊敏性《しゅんびんせい》（クイックネス）が身《み》につき、ドリブルやシュートなどのテクニックのキレが増《ま》す。さらに下《か》半身《はんしん》の筋力《きんりょく》やバランス能力《のうりょく》を鍛《きた》えられる効果《こうか》もある。

コツ+α

レベル ★★☆

ラダートレーニング

フットワークを鍛《きた》える

動画をチェック

はしご状《じょう》の練習道具《れんしゅうどうぐ》でトレーニングする

ラダーとは、はしごのような形《かたち》の練《れん》習道具《しゅうどうぐ》です。ステップ1種類《しゅるい》につき、サイドラインからサイドラインくらいの距離《きょり》で取《と》り組《く》めると良《よ》いでしょう。ステップを正確《せいかく》に行《おこな》うことはもちろんですが、ゆっくりの動作《どうさ》ではあまり効《こう》果《か》を得《え》られません。**素早《すばや》く足《あし》を動《うご》かすことを意識《いしき》して、ラダートレーニングに取《と》り組《く》みましょう。**

列《れつ》になって行《おこな》えば、同時《どうじ》に多《おお》くの選《せん》手《しゅ》が練習《れんしゅう》できます。間隔《かんかく》を詰《つ》めすぎないように注意《ちゅうい》して練習《れんしゅう》しましょう。

うまくなるポイント!

まっすぐにして床《ゆか》に敷《し》く

ラダーはやわらかい素材《そざい》で作《つく》られているため、ケガの心配《しんぱい》なく取《と》り組《く》める練習道具《れんしゅうどうぐ》です。曲《ま》がっていると練習《れんしゅう》しづらいので、まっすぐに敷《し》きましょう。なお、練習《れんしゅう》していると踏《ふ》んだりしてずれることが多《おお》くあります。多少《たしょう》ならば練習《れんしゅう》に支障《ししょう》はありませんが、大《おお》きくよれてしまった場合《ばあい》にはまっすぐに直《なお》しましょう。

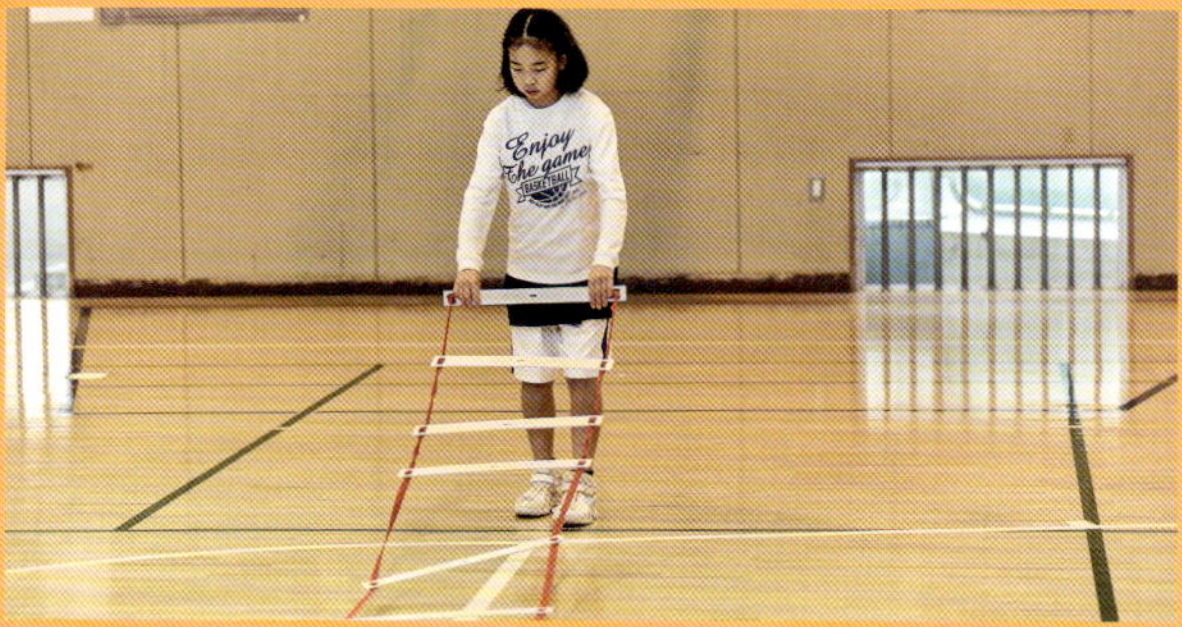

マス目《め》を調整《ちょうせい》してみよう

ラダーによってはマス目《め》の大《おお》きさを調整《ちょうせい》できるものもあります。幅《はば》を広《ひろ》げることで難易度《なんいど》を下《さ》げたり、反対《はんたい》に狭《せば》めて難《むずか》しくするといった工夫《くふう》が可能《かのう》です。さまざまな練習《れんしゅう》方法《ほうほう》を考《かんが》えてみましょう。

足《あし》を前後《ぜんご》に交差《こうさ》させるステップ

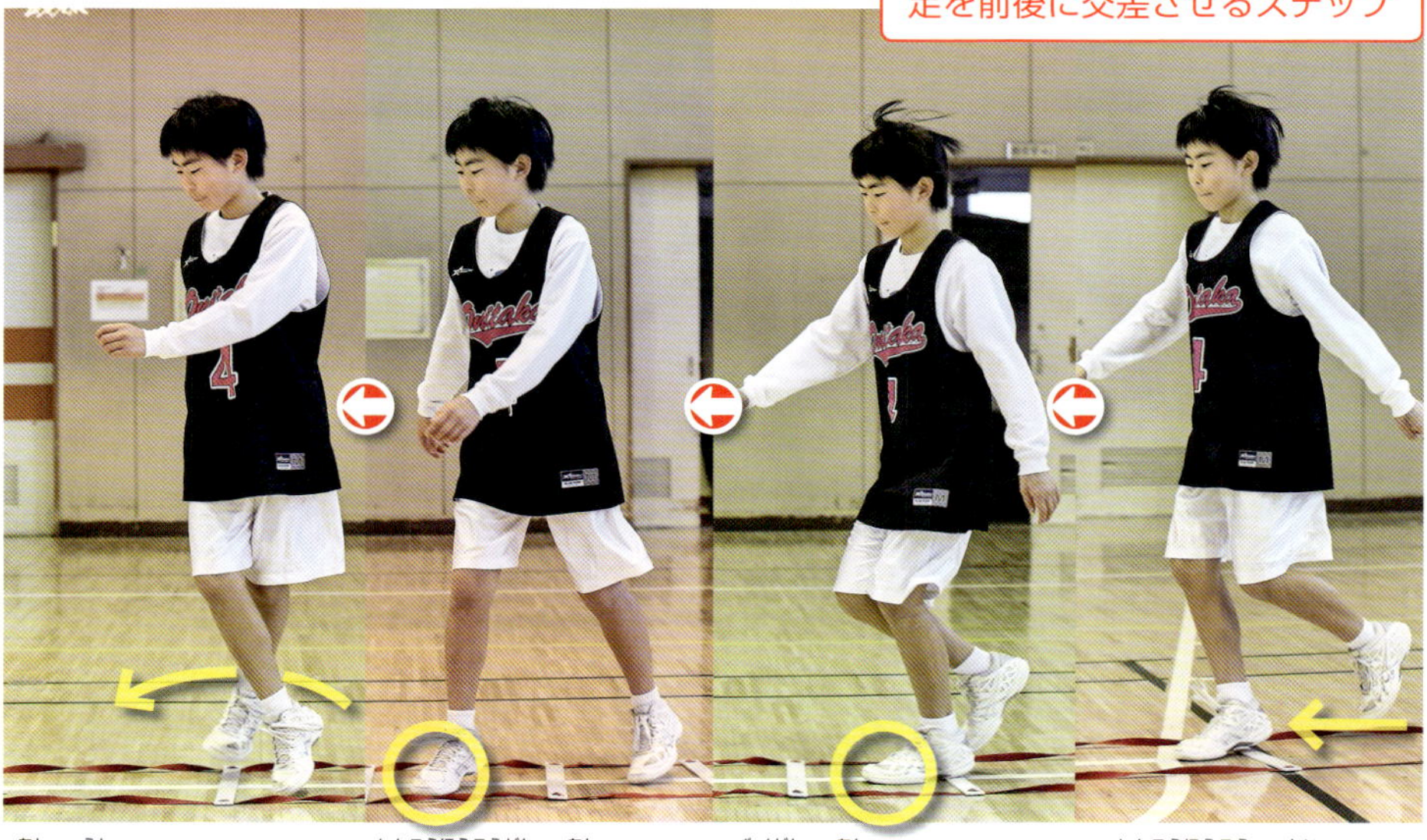

足《あし》を後《うし》ろから交差《こうさ》させて前《まえ》のマスを踏《ふ》む。

進行方向側《しんこうほうこうがわ》の足《あし》で前《まえ》のマスを踏《ふ》む。

逆側《ぎゃくがわ》の足《あし》で前《まえ》のマスを踏《ふ》む。

進行方向《しんこうほうこう》に対《たい》してやや横向《よこむ》きになって進《すす》む。

足《あし》を固定《こてい》して左右《さゆう》のジャンプで進《すす》む

足《あし》を肩幅程度《かたはばていど》に開《ひら》き、ラダーの縦《たて》ラインをまたぐ。

足幅《あしはば》はそのまま、ナナメ前方《ぜんぽう》に小《ちい》さくジャンプする。

前《まえ》のマスに足《あし》を逆《ぎゃく》にして、同《おな》じようにラインをまたいで着地《ちゃくち》。

これを繰《く》り返《かえ》してナナメにジャンプしながら進《すす》む。

マスを踏《ふ》みながら横方向《よこほうこう》にステップする

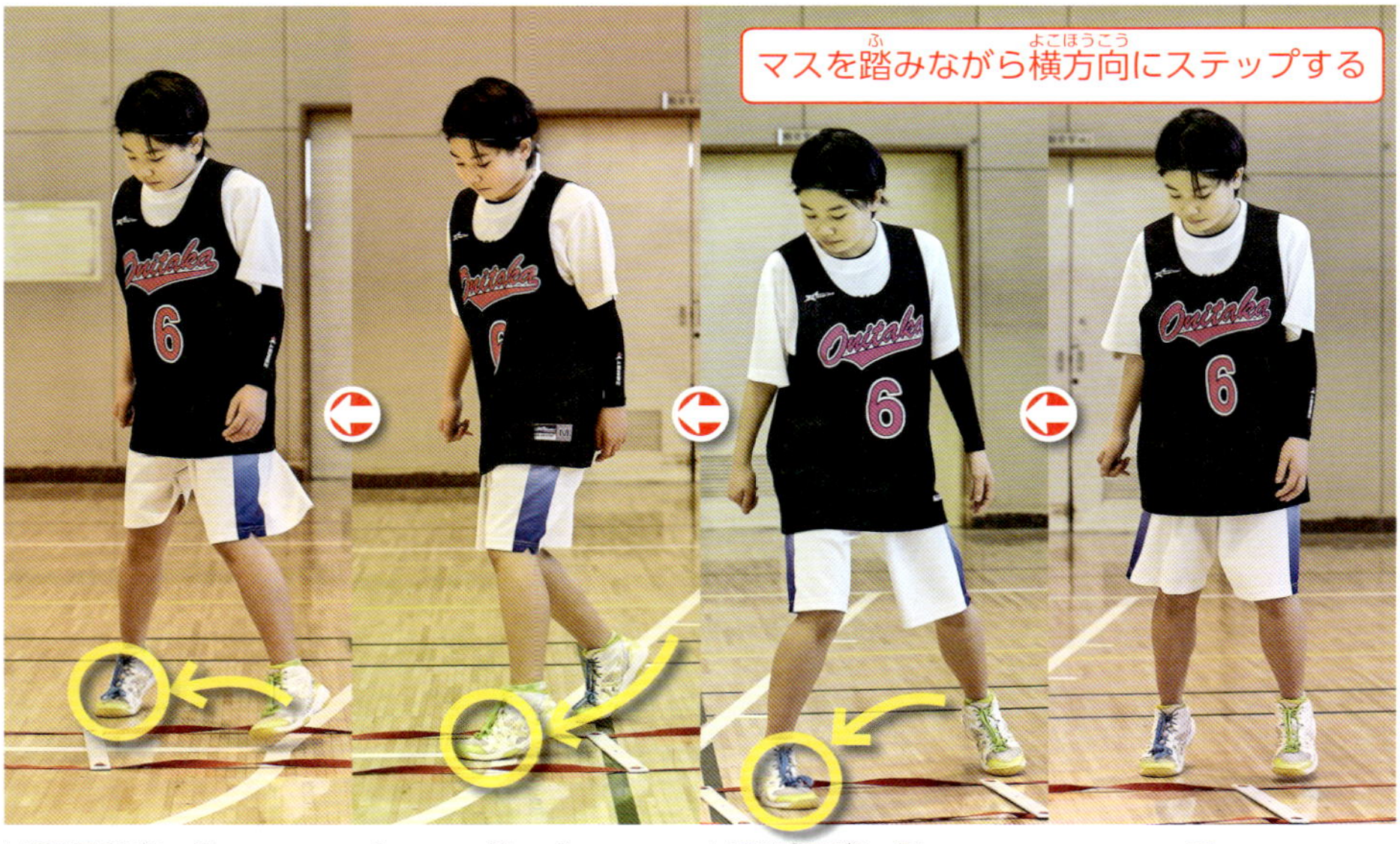

ラダーの横《よこ》に進行方向《しんこうほうこう》に対《たい》して横向《よこむ》きに立《た》つ。

進行方向側《しんこうほうこうがわ》の足《あし》で正面《しょうめん》のマスを踏《ふ》む。

踏《ふ》んだら足《あし》を引《ひ》き、続《つづ》いて逆側《ぎゃくがわ》の足《あし》を前《まえ》のマスに踏《ふ》み込《こ》む。

進行方向側《しんこうほうこうがわ》の足《あし》を横《よこ》に踏《ふ》み込《こ》み、サイドステップで進《すす》む。

足幅《あしはば》をステップで開閉《かいへい》させながら進《すす》む

同《おな》じ順《じゅん》で前《まえ》の
マスに両足《りょうあし》を入《い》れる。

逆足《ぎゃくあし》も
マスの外《そと》に出《だ》して
足幅《あしはば》を開《ひら》く。

一方《いっぽう》の足《あし》を
マスの外《そと》に出《だ》す。

マスの中《なか》に足幅《あしはば》を
狭《せば》めて両足《りょうあし》を入《い》れる。

ケン・パのステップでリズミカルに進《すす》む

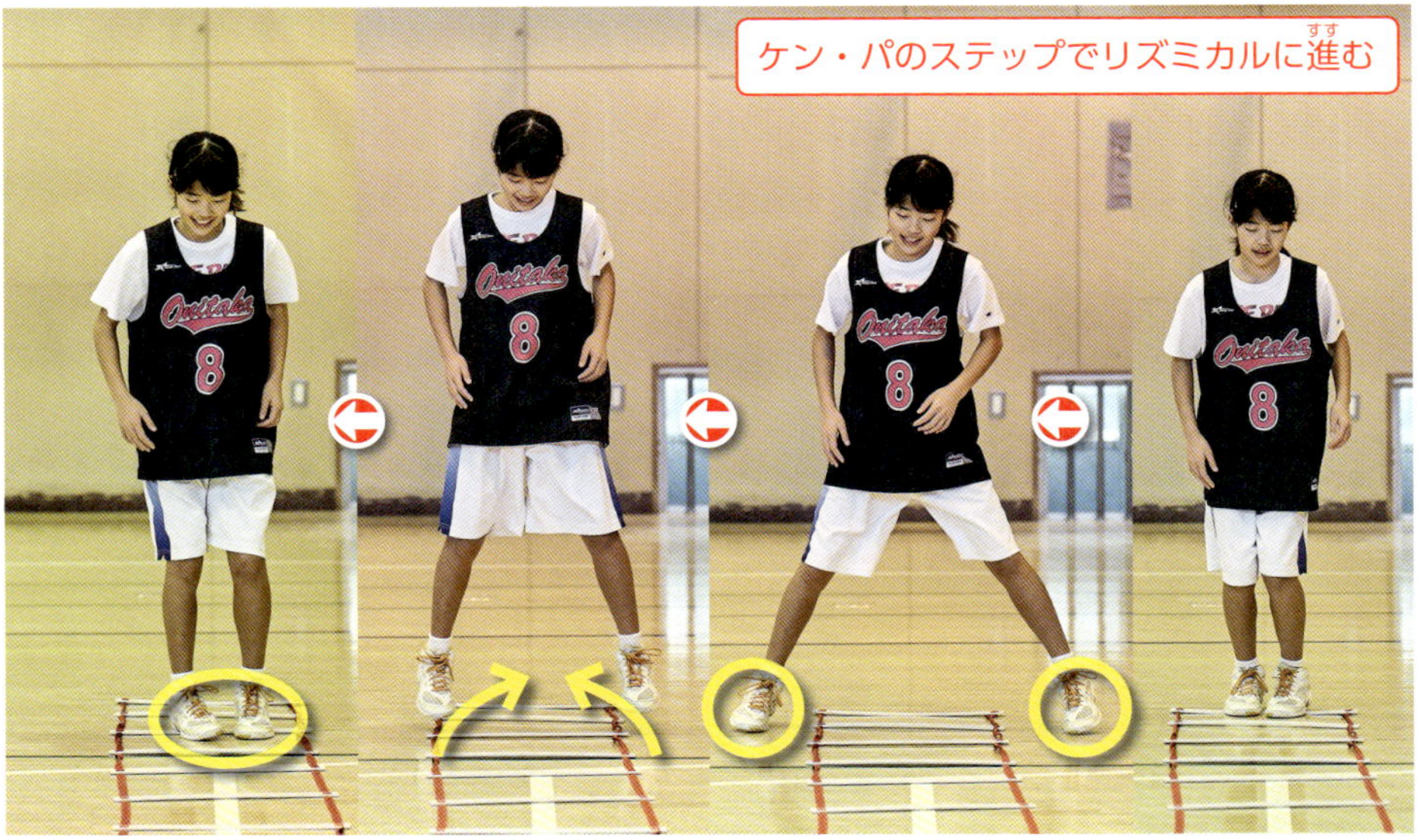

足幅《あしはば》を閉《と》じて、
両足《りょうあし》を揃《そろ》えて
マスに着地《ちゃくち》する。

前《まえ》のマスへ向《む》かって
小《ちい》さくジャンプする。

足《あし》を開《ひら》いてジャンプし、
前《まえ》のマスの左右《さゆう》につく。

ラダーと正対《せいたい》して
立つ。

コツ+α

レベル ★☆☆

ここが伸《の》びる

体《からだ》のケアは選手《せんしゅ》にとって欠《か》かせない部分《ぶぶん》。小学生《しょうがくせい》のうちからストレッチをする習慣《しゅうかん》をつけておくことで、ケガを予防《よぼう》して良《よ》いパフォーマンスをキープできる選手《せんしゅ》へと成長《せいちょう》していける。

動画をチェック

ストレッチ

プレーの最初《さいしょ》と最後《さいご》に体《からだ》を伸《の》ばす

筋肉《きんにく》を伸《の》ばして 準備運動《じゅんびうんどう》と整理運動《せいりうんどう》

ミニバスはジャンプやダッシュを繰《く》り返《かえ》す激《はげ》しいスポーツです。プレーの前後《ぜんご》にはウォーミングアップ（準備運《じゅんびうん》動《どう》）とクールダウン（整理運動《せいりうんどう》）を行《おこな》いましょう。ストレッチに取《と》り組《く》むと、体《からだ》の調子《ちょうし》を整《ととの》えられます。

2人《り》1組《くみ》で行《おこな》うと、効率的《こうりつてき》に筋肉《きんにく》を伸《の》ばすことができます。深《ふか》く呼吸《こきゅう》しながらゆっくりと伸《の》ばしてもらい、**効《き》いていると感《かん》じるところで10秒《びょう》〜20秒《びょう》ほどキープします。**習慣的《しゅうかんてき》に行《おこな》えば、体《からだ》の柔軟性《じゅうなんせい》もアップします。

コツ！ ヒザを落《お》として股関節《こかんせつ》を伸《の》ばす

両足《りょうあし》の裏《うら》をつけて座《すわ》り、カカトをできるだけ体《からだ》に引《ひ》きつける。ペアは後《うし》ろから補《ほ》助《じょ》に入《はい》り、両手《りょうて》で左右《さゆう》のヒザをそれぞれ持《も》つ。床《ゆか》につけるイメージで下《した》に落《お》とすと、股関節《こかんせつ》が伸《の》びる。

コツ！ 体《からだ》を前《まえ》に倒《たお》して脚部《きゃくぶ》の裏《うら》を伸《の》ばす

両足《りょうあし》を揃《そろ》えて座《すわ》り、補助《ほじょ》に後《うし》ろから前《まえ》に押《お》してもらう。両腕《りょううで》を前《まえ》に伸《の》ばし、足《あし》にタッチする。このとき、ヒザが曲《ま》がらないように注《ちゅう》意《い》。このストレッチで脚部《きゃくぶ》の裏側《うらがわ》の筋肉《きんにく》が伸《の》びる。

コツ！ 足《あし》を開《ひら》いて体《からだ》を倒《たお》し内《うち》モモを伸《の》ばす

両足《りょうあし》をできるだけ開《ひら》いて座《すわ》り、補助《ほじょ》に後《うし》ろから前《まえ》に押《お》してもらう。両腕《りょううで》をそれぞれ足《あし》に伸《の》ばし、タッチすることを目指《めざ》す。内《うち》モモの筋《きん》肉《にく》を中心《ちゅうしん》に、下半身《かはんしん》を広《ひろ》くストレッチできる。

コツ! 足《あし》を持《も》ち上《あ》げて一方《いっぽう》の足《あし》を伸《の》ばす

仰向《あおむ》けになって一方《いっぽう》の足《あし》を上《あ》げる。このとき、ヒザを伸《の》ばす。補助《ほじょ》はその足《あし》を持《も》ち、足首《あしくび》を曲《ま》げた状態《じょうたい》でキープ。これによって一方《いっぽう》の足《あし》の、ヒザを中心《ちゅうしん》に広範《こうはん》囲《い》が伸《の》びる。逆側《ぎゃくがわ》も行《おこな》う。

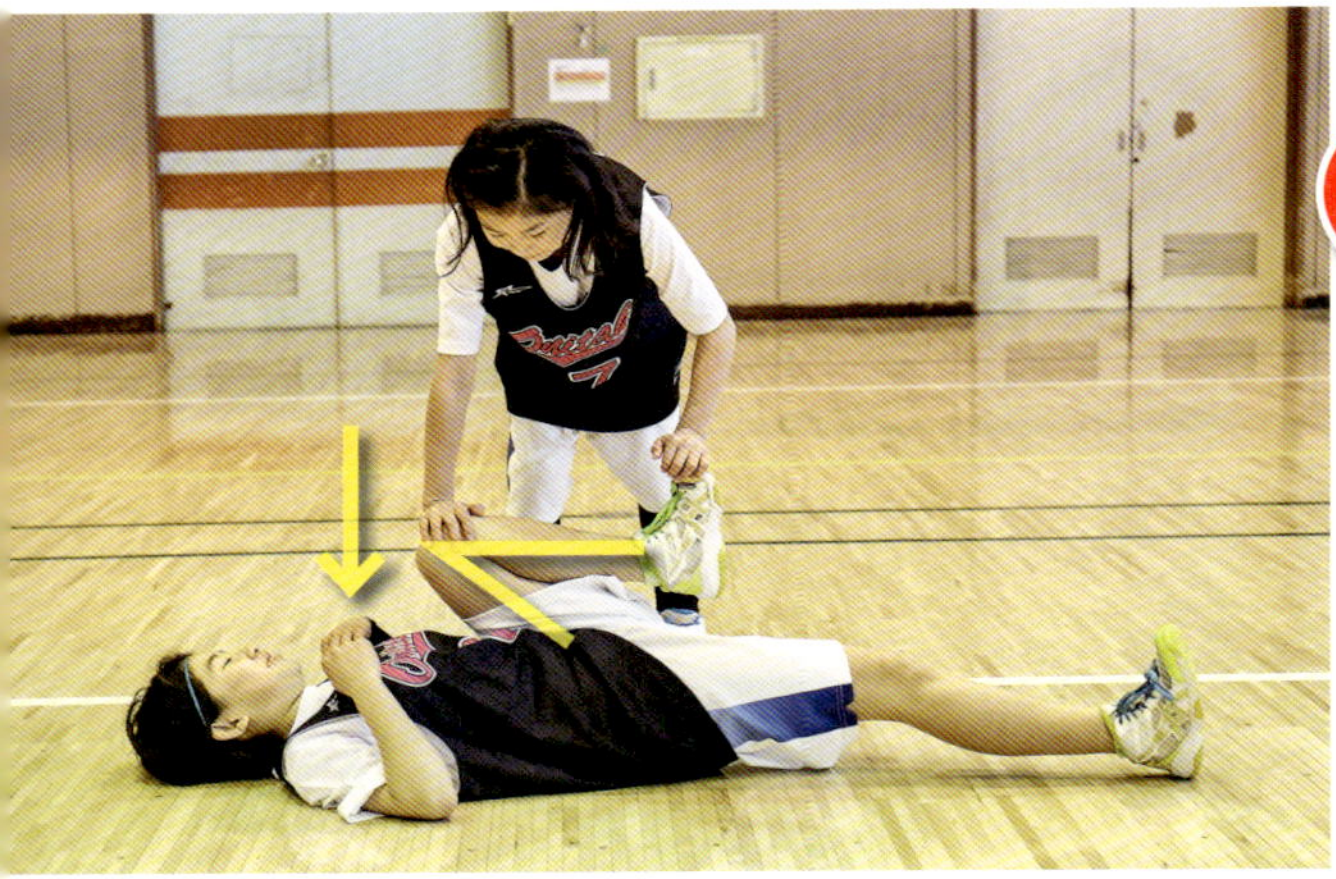

コツ! モモと体《からだ》をつけてお尻《しり》を伸《の》ばす

仰向《あおむ》けになり、補助《ほじょ》が一方《いっぽう》の足《あし》のヒザとツマ先《さき》を持《も》ち上《あ》げる。ヒザを曲《ま》げ、モモと体《からだ》をつけるように上《うえ》から力《ちから》をかける。主《おも》にお尻《しり》の筋肉《きんにく》を伸《の》ばすストレッチとなる。逆側《ぎゃくがわ》も行《おこな》う。

コツ! ヒザを逆側《ぎゃくがわ》につけ腰《こし》を伸《の》ばす

仰向《あおむ》けになり、両腕《りょううで》を開《ひら》いて一方《いっぽう》のヒザを上《あ》げる。補助《ほじょ》がそのヒザを持《も》ち、腰《こし》をひねって逆側《ぎゃくがわ》の床《ゆか》につける。同《おな》じ側《がわ》の肩《かた》にも手《て》を添《そ》えて浮《う》かないようにする。逆側《ぎゃくがわ》も行《おこな》い、腰周《こしまわ》りをストレッチする。

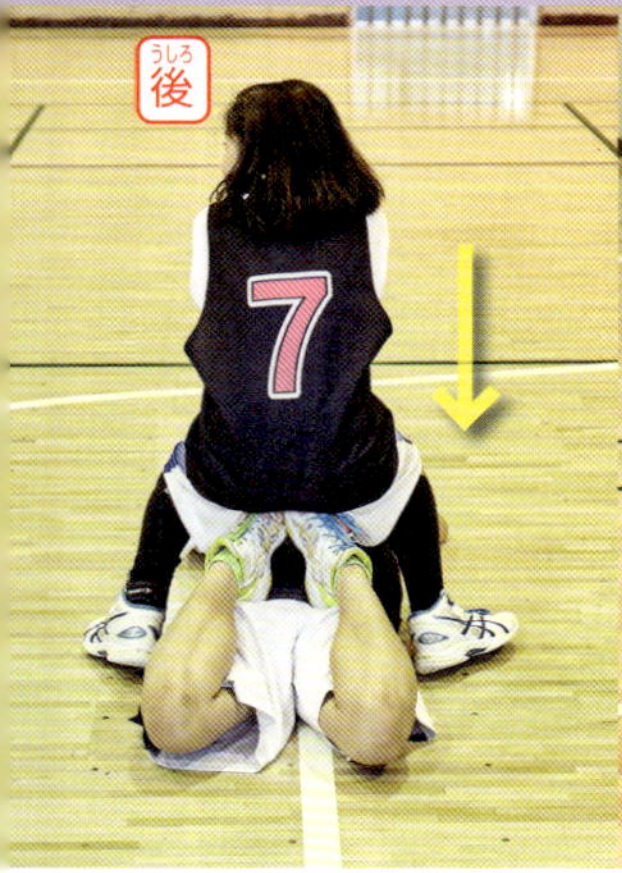

コツ! カカトをお尻《しり》につけモモを伸《の》ばす

両足《りょうあし》を揃《そろ》えてうつ伏《ぶ》せになり、ヒザを曲《ま》げて足《あし》を上《あ》げる。補助《ほじょ》がその足《あし》を持《も》って、カカトをお尻《しり》につけるように上《うえ》から乗《の》って力《ちから》をかける。これによりモモの表《おもて》にある筋肉《きんにく》が伸《の》びる。

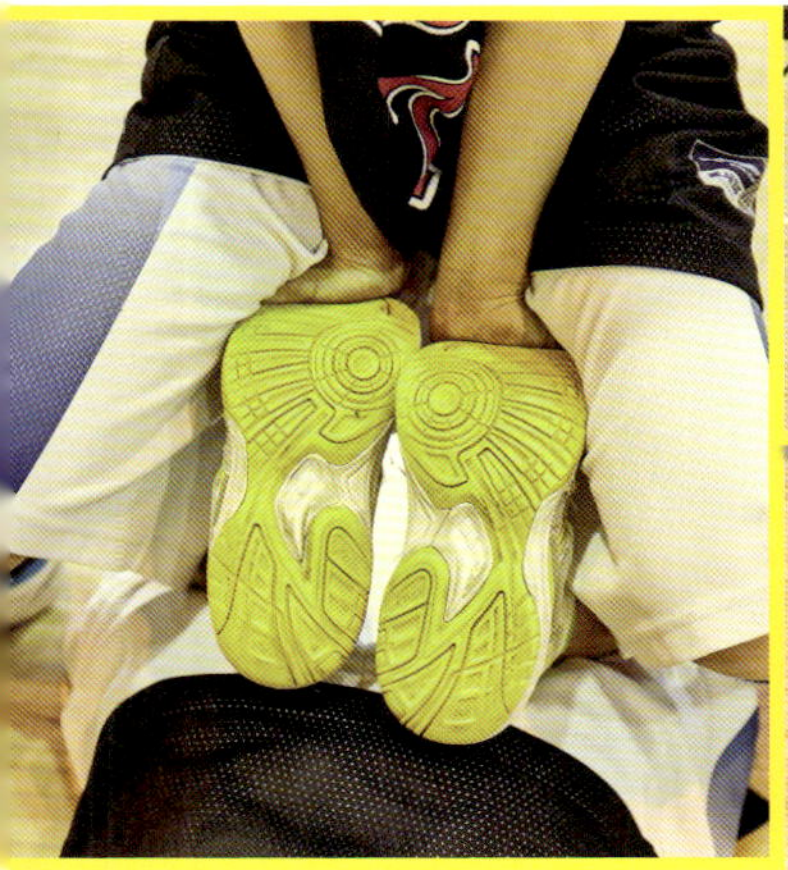

コツ! 足首《あしくび》を曲《ま》げて力《ちから》をかけアキレス腱《けん》を伸《の》ばす

両足《りょうあし》を揃《そろ》えてうつ伏《ぶ》せになり、ヒザを曲《ま》げる。補助《ほじょ》がその足《あし》のツマ先《さき》を持《も》って、足首《あしくび》が強《つよ》く曲《ま》がるように上《うえ》から乗《の》って力《ちから》をかける。これにより、アキレス腱《けん》を伸《の》ばすことができる。

コツ! 足《あし》を回《まわ》してもらい足首《あしくび》を伸《の》ばす

うつ伏《ぶ》せになってリラックスする。補助《ほじょ》が両足《りょうあし》をそれぞれ左右《さゆう》の手《て》で持《も》ち、ヒザを曲《ま》げて持《も》ち上《あ》げる。その体勢《たいせい》から、足《あし》をブラブラさせる。これにより、足首《あしくび》の筋肉《きんにく》を伸《の》ばせる。

ここが伸《の》びる

動《うご》きながらさまざまな体勢《たいせい》をとるトレーニングによって、バランス能力向上《のうりょくこうじょう》の効果《こうか》を得《え》られる。シュートやドリブルはもちろん、あらゆるプレーの精度《せいど》が高《たか》まるので、練習《れんしゅう》メニューに加《くわ》えよう。

コツ＋α

レベル ★★☆

動画をチェック

体幹《たいかん》トレーニング

バランス能力《のうりょく》を養《やしな》う

体幹《たいかん》に働《はたら》きかけるトレーニングに取《と》り組《く》む

バランス能力《のうりょく》に関《かん》わる筋肉《きんにく》のひとつに〝体幹《たいかん》〟があります。これは胴体《どうたい》の筋肉《きんにく》の総称《そうしょう》で、鍛《きた》えることで全《すべ》ての動《どう》作《さ》の精度《せいど》を高《たか》められます。歩《ある》きながらさまざまな動作《どうさ》を行《おこな》い、筋肉《きんにく》に働《はたら》きかけましょう。**両腕《りょううで》を広《ひろ》げるなど体《からだ》をうまく使《つか》って、バランスをキープすることがポイントです。**足《あし》に感覚《かんかく》を集《あつ》めることも大切《たいせつ》です。

1種目《しゅもく》につきコートをタテに往復《おうふく》するのが練習量《れんしゅうりょう》の目安《めやす》です。準備運動《じゅんびうんどう》として取《と》り組《く》みましょう。

片足《かたあし》を抱《かか》えて体《からだ》を上下《じょうげ》させる

歩《ある》きながら一方《いっぽう》の足《あし》を、ヒザを曲《ま》げて持《も》ち上《あ》げる。

重心《じゅうしん》を落《お》として持《も》ち上《あ》げた足《あし》を両腕《りょううで》で抱《かか》える。

片足《かたあし》でツマ先立《さきだ》ちになり、体《からだ》を伸《の》び上《あ》がらせる。

前《まえ》に踏《ふ》み込《こ》み、逆側《ぎゃくがわ》も同様《どうよう》に行《おこな》う。左右交互《さゆうこうご》に行《おこな》って進《すす》む。

足《あし》を高《たか》く振《ふ》り上《あ》げてツマ先《さき》をタッチ

一方《いっぽう》の足《あし》を後《うし》ろに振《ふ》りかぶる。

正面《しょうめん》に振《ふ》り上《あ》げ、対角《たいかく》の手《て》でツマ先《さき》に触《ふ》れる。

足《あし》を下《お》ろして前《まえ》に踏《ふ》み込《こ》んで前《まえ》に進《すす》む。

逆側《ぎゃくがわ》も同様《どうよう》に行《おこな》う。左右交互《さゆうこうご》に行《おこな》って進《すす》む。

一方《いっぽう》の足《あし》を後《うし》ろに振《ふ》り上《あ》げて手《て》でつかむ

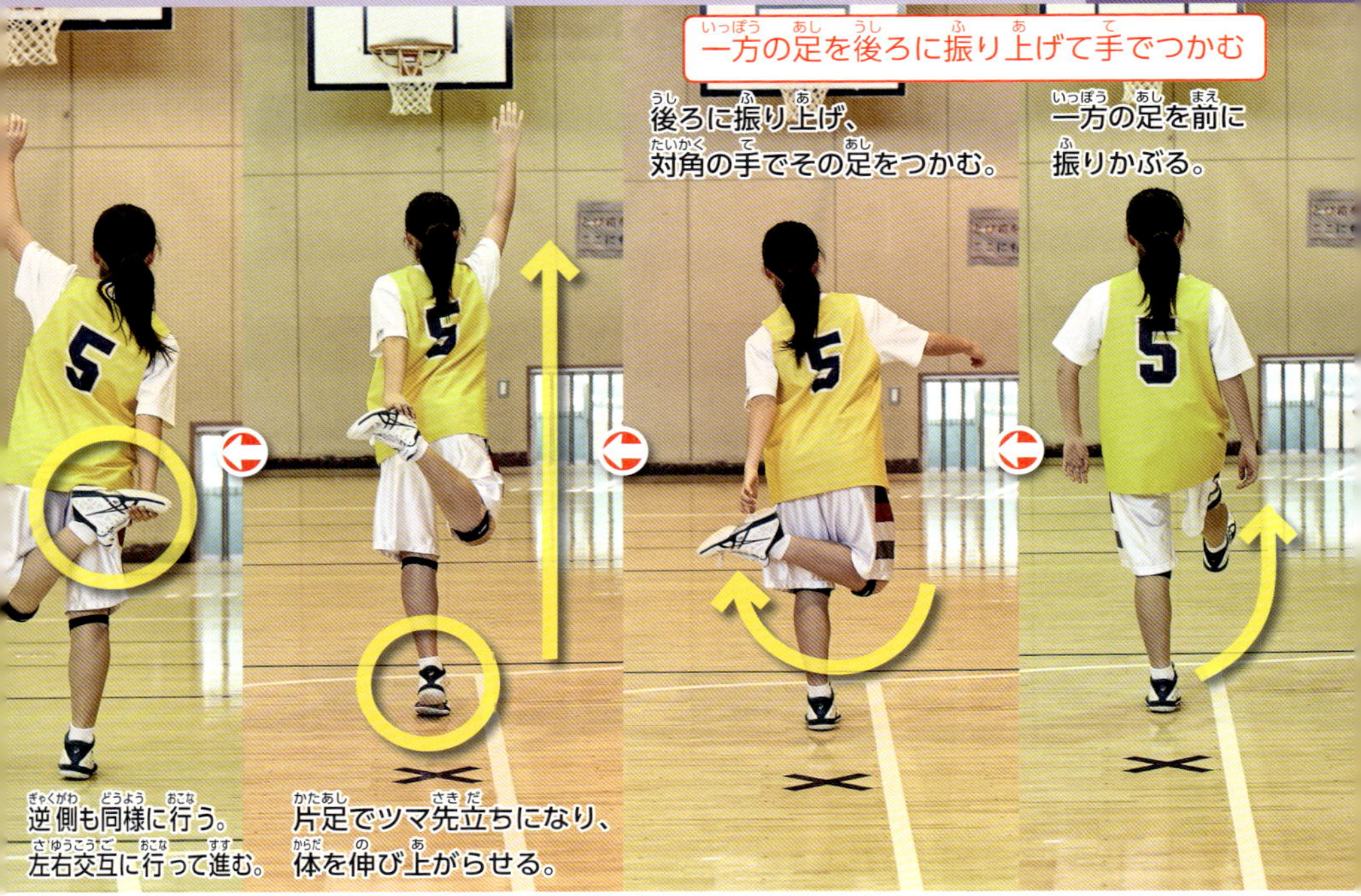

一方《いっぽう》の足《あし》を前《まえ》に振《ふ》りかぶる。

後《うし》ろに振《ふ》り上《あ》げ、対角《たいかく》の手《て》でその足《あし》をつかむ。

片足《かたあし》でツマ先《さき》立《だ》ちになり、体《からだ》を伸《の》び上《あ》がらせる。

逆側《ぎゃくがわ》も同様《どうよう》に行《おこな》う。左右交互《さゆうこうご》に行《おこな》って進《すす》む。

ヒザを抱《かか》えて体《からだ》に近《ちか》づけ伸《の》び上《あ》がる

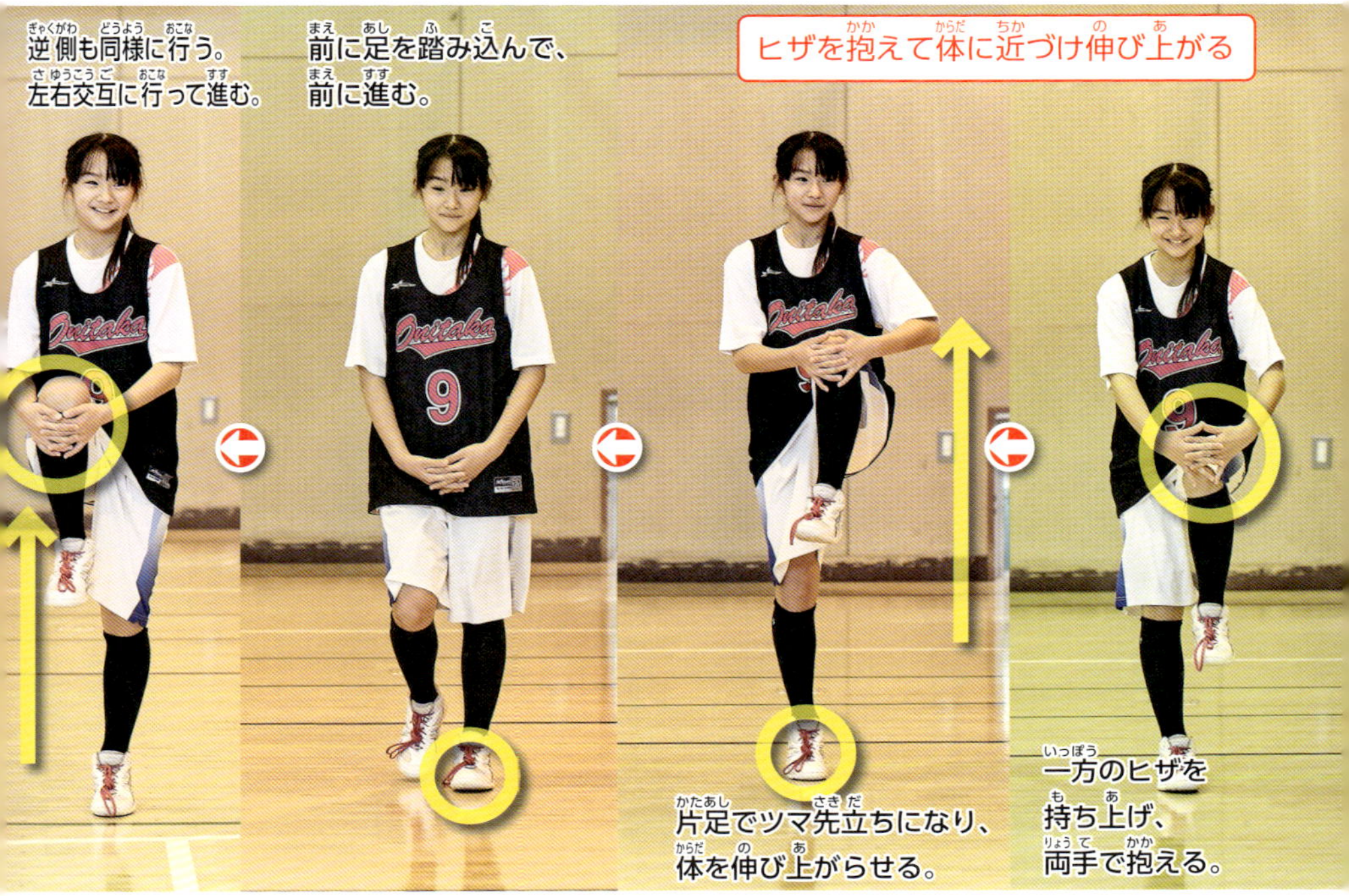

一方《いっぽう》のヒザを持《も》ち上《あ》げ、両手《りょうて》で抱《かか》える。

片足《かたあし》でツマ先《さき》立《だ》ちになり、体《からだ》を伸《の》び上《あ》がらせる。

前《まえ》に足《あし》を踏《ふ》み込《こ》んで、前《まえ》に進《すす》む。

逆側《ぎゃくがわ》も同様《どうよう》に行《おこな》う。左右交互《さゆうこうご》に行《おこな》って進《すす》む。

PART 5
オフェンス戦術《せんじゅつ》を学《まな》ぶ

コツ47

レベル ★☆☆

ここが伸びる

"15歳《さい》以下《いか》のマンツーマンディフェンス推進《すいしん》"によって、ミニバスは個人《こじん》の高《たか》いスキルが求《もと》められる。チームとして取《と》り組《く》み今後《こんご》の練習《れんしゅう》に役立《やくだ》てて、オフェンスのレベルアップを目指《めざ》そう。

これからのミニバス戦術《せんじゅつ》

1対《たい》1が戦術《せんじゅつ》のメインになる

1対《たい》1が試合《しあい》のメインになり 個人《こじん》スキルの重要性《じゅうようせい》がアップ

これまでのミニバスでは小学生《しょうがくせい》のキープ力《りょく》のなさを狙《ねら》って、ゾーンディフェンスでプレッシャーをかけてボールを奪《うば》う戦術《せんじゅつ》が基本《きほん》でした。しかしこの方法《ほうほう》が使《つか》えなくなり、マンツーマンディフェンスによる1対《たい》1が戦術《せんじゅつ》のメインになります。その勝負《しょうぶ》にいかにして勝《か》つかがカギを握《にぎ》るので、**ドリブルで抜《ぬ》く能力《のうりょく》、シュートを決《き》める能力《のうりょく》を養《やしな》うことを重視《じゅうし》して、個人《こじん》スキルを伸《の》ばしていきましょう。**

シュートとドリブルは爽快感《そうかいかん》があり楽《たの》しいプレーなので、子供《こども》たちにバスケットを好《す》きになってもらうためにも、これらの技術《ぎじゅつ》が戦術的《せんじゅつてき》に重《じゅう》視《し》されるのは良《よ》い傾向《けいこう》だと私《わたし》は考《かんが》えます。

高度《こうど》なプレーで チーム戦術《せんじゅつ》を強化《きょうか》する

マンツーマンディフェンスが戦術《せんじゅつ》の基本《きほん》になると、個人《こじん》スキルもさることながら、より高度《こうど》なチームプレーが求《もと》められるようになるでしょう。1人《り》が1人《り》をマークするディフェンスを崩《くず》すためには、いかにそのマークをはがすかがポイントになります。**独力《どくりょく》で突破《とっぱ》できないとなれば、ボールを持《も》たないプレーヤーによるボールマンのサポートが次《つぎ》の手立《てだ》てとなるので、チームで連動《れんどう》して攻《せ》めるオフェンスの引《ひ》き出《だ》しが多《おお》いチームは得点力《とくてんりょく》がアップするのです。**

なかでもスクリーンやピックは非《ひ》常《じょう》に有効《ゆうこう》です。ファウルに敏感《びんかん》なミニバスでは、ボディコンタクトのあるプレーは避《さ》けられがちな傾向《けいこう》にありましたが、今後《こんご》はスクリーンを踏《ふ》まえた戦術《せんじゅつ》を多《おお》くのチームが本腰《ほんごし》を入《い》れて導入《どうにゅう》するようになると私《わたし》は考《かんが》えます。**その際《さい》にはブロッキングやムービングの反則《はんそく》をとられないように、正《ただ》しい動作《どうさ》をしっかりと身《み》につけ、実戦《じっせん》で使《つか》えるレベルまで技術《ぎじゅつ》を磨《みが》かなければなりません。**個人《こじん》スキルが最重要《さいじゅうよう》ですが、チームプレーの練習《れんしゅう》にも合《あ》わせて取《と》り組《く》み、戦術《せんじゅつ》を強化《きょうか》しましょう。

コツ48

レベル ★☆☆

スペースを使《つか》って攻《せ》めることがセオリー

オフェンス戦術《せんじゅつ》とは

ここが伸《の》びる

ミニバス（バスケット）では、1対《たい》1もしくは1対《たい》0（ノーマーク）を作《つく》ることがオフェンスの基本的《きほんてき》な考《かんが》え方《かた》になる。このセオリーを理解《りかい》して、試合《しあい》で有効《ゆうこう》な動《うご》きができる選手《せんしゅ》に成長《せいちょう》しよう。

フリーオフェンスで考《かんが》えながら攻《せ》める

ミニバスでは決《き》まった動《うご》きで攻《せ》める攻撃戦術《こうげきせんじゅつ》よりも、各《かく》メンバーが自分《じぶん》の判断《はんだん》で動《うご》いて攻《せ》める〝フリーオフェンス〟がオススメです。考《かんが》える力《ちから》を養《やしな》うことができ、想像力《そうぞうりょく》も身《み》につきます。**フリーオフェンスのセオリーは、「スペースを見《み》つける・作《つく》る」ことです。**たとえば、ドリブルのうまい選手《せんしゅ》にボールが渡《わた》ったときに、別《べつ》の選手《せんしゅ》が動《うご》いてディフェンスを引《ひ》っ張《ぱ》れば、ドライブをしかける空間《くうかん》（スペース）が生《う》まれ、チャンスになるのです。

オフェンスの基本的《きほんてき》な流《なが》れ

コツ! 速攻《そっこう》を繰《く》り出《だ》し ゴールを狙《ねら》う

1対《たい》0を最《もっと》も作《つく》りやすいのは、攻守《こうしゅ》の切《き》り替《か》えから素早《すばや》く相手《あいて》ゴールに攻《せ》め込《こ》む場面《ばめん》。そのため速攻戦術《そっこうせんじゅつ》は非常《ひじょう》に重視《じゅうし》される。守備《しゅび》が整《ととの》っていない状況《じょうきょう》の敵陣《てきじん》に攻《せ》め込《こ》む第一次《だいいちじ》攻撃《こうげき》を、ファストブレークという。

コツ! 第《だい》二《に》次《じ》攻撃《こうげき》で チャンスを逃《のが》さない

ファストブレーク決《き》まらなかった場合《ばあい》には、空《あ》いているスペースを狙《ねら》う第二次攻撃《だいにじこうげき》で攻《せ》める。これをセカンダリーブレークといい、マスターすることでチャンスを逃《のが》さず得点《とくてん》につなげるようになる。

コツ! 場合《ばあい》によっては ブレークせずに攻《せ》める

速攻《そっこう》をしかけられない場面《ばめん》では、ゆっくりとフォーメーションを整《ととの》えながらフロントコートに入《はい》っていき、フリーオフェンスで攻《せ》める。ポイントガードを中心《ちゅうしん》に、全員《ぜんいん》が状況判断《じょうきょうはんだん》しながら攻《せ》める。

ここが伸びる

最《もっと》もノーマークを作《つく》りやすい速攻《そっこう》を、ミスを少《すく》なく安全《あんぜん》にしかけることができると、チームの得点率《とくてんりつ》がアップする。ファストブレークをチーム全体《ぜんたい》でマスターし、チャンスを確実《かくじつ》に活《い》かそう。

コツ49

レベル ★★★

ファストブレーク

安全性《あんぜんせい》の高《たか》い速攻《そっこう》で攻撃《こうげき》をしかける

ファストブレークの流《なが》れ

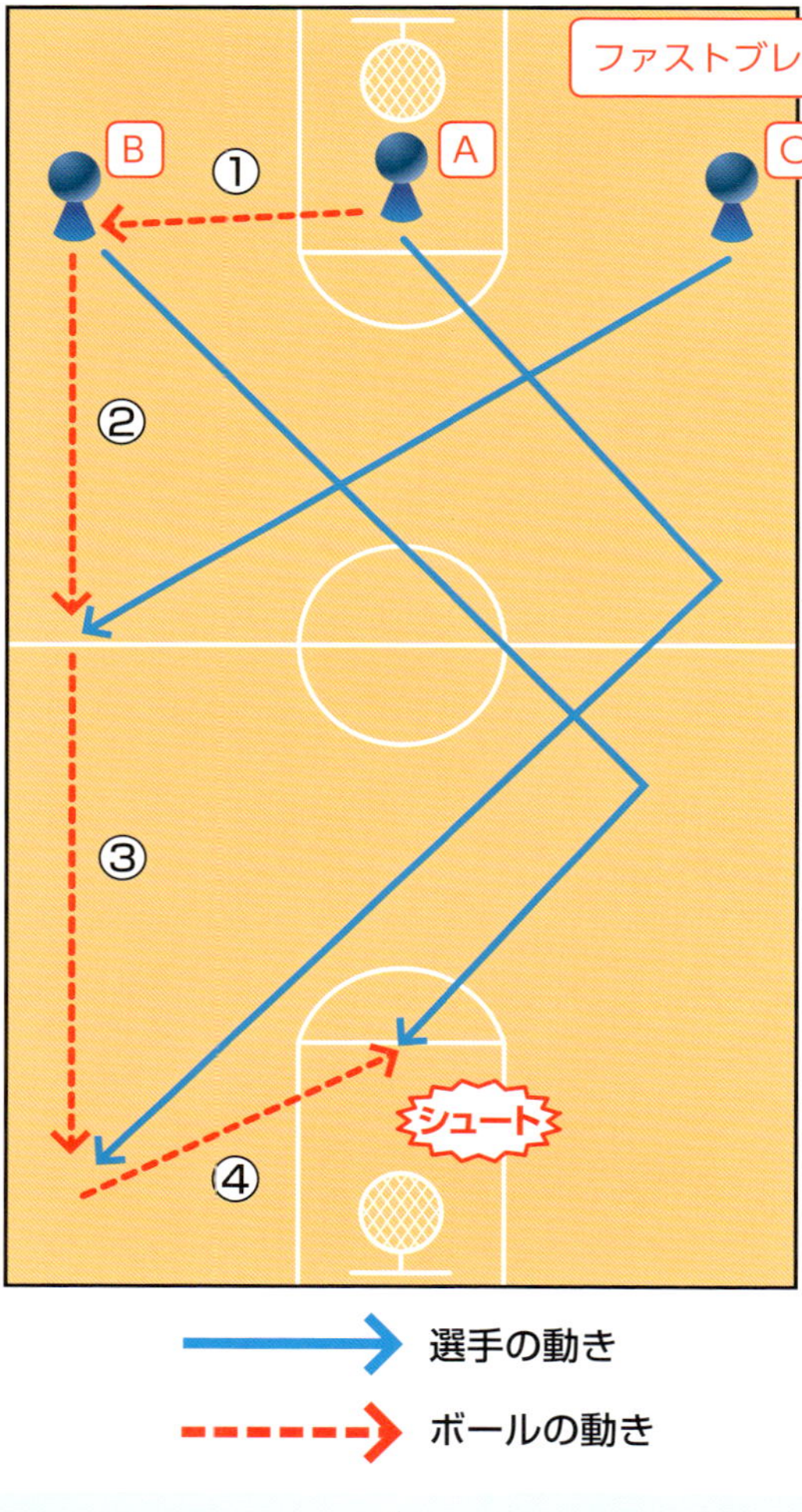

動画をチェック

①ゴール下《した》Aからサイド B へボールを出《だ》す。A はパスしたら逆《ぎゃく》サイドへ走《はし》る。C は対角線《たいかくせん》に走《はし》ってボールマンになった B の正面《しょうめん》に入《はい》る。

②サイドラインに沿《そ》うようにパスをつなぐ。次《つぎ》は、ゴール下《した》から走《はし》り出《だ》していた A がボールマンの正面《しょうめん》に入《はい》る。パスを出《だ》した B は対角線《たいかくせん》に走《はし》る。

③同《おな》じようにタテにパスをつなぎ、フロントコートのコーナーまでボールを運《はこ》ぶ。

④最後《さいご》に、B がゴール前《まえ》に入《はい》ってシュート。

コツ！ 逆《ぎゃく》サイドにふくらみスペースを作《つく》る

サイドラインに沿《そ》ってパスをつなぐために、ボールマンの正面《しょうめん》に入《はい》る。その際《さい》には逆《ぎゃく》サイドにふくらんで、スペースを作《つく》りながら走《はし》ることが大《たい》切《せつ》。ボールミートでは、もらい足《あし》を徹底《てってい》する。

コツ！ 最後《さいご》のパスを受《う》けたらすぐシュート

フロントコートのコーナーからのパスを受《う》けた選手《せんしゅ》は、素早《すばや》くシュートしてゴールを狙《ねら》う。なお、最後《さいご》のパスはゴールに向《む》けて出《だ》さず、ややマイナス方向《ほうこう》に角度《かくど》をつけることを意《い》識《しき》する。

スペースを作《つく》りながらサイドラインに沿《そ》ってつなぐ

ファストブレークではコートの中央《ちゅうおう》を最短距離《さいたんきょり》で進《すす》むプレーが一般的《いっぱんてき》。しかしそれだけに読《よ》まれやすく、ボールを奪《うば》われる危険《きけん》があります。ミスなく安全《あんぜん》にしかけるために、**サイドラインに沿《そ》ってパスを回《まわ》す方法《ほうほう》をマスターしましょう。**ゴール方向《ほうこう》に直線的《ちょくせんてき》に出《だ》すパスではないのでつなぎやすく、ディフェンスにカットされたとしてもアウトオブバウンズでマイボールをキープできるメリットがあります。

3人《にん》で行《おこな》うことが基本《きほん》で、ボールマンの正面《しょうめん》に入《はい》る前《まえ》に逆《ぎゃく》サイドを経由《けいゆ》して走《はし》ることがポイントです。これにより、ディフェンスを左右《さゆう》に振《ふ》ってスペースを作《つく》り出《だ》すことができます。

コツ50
レベル ★★★

セカンダリーブレーク
後《うし》ろからスペースに入《はい》って第《だい》二《に》次《じ》攻《こう》撃《げき》

ここが伸びる

ファストブレークでシュートに持《も》ち込《こ》めなかったとしても、チャンスはまだ続《つづ》いている。ディフェンスが焦《あせ》っているスキをついて攻《せ》める戦術《せんじゅつ》を身《み》につけて、オフェンスの成功率《せいこうりつ》を高《たか》めよう。

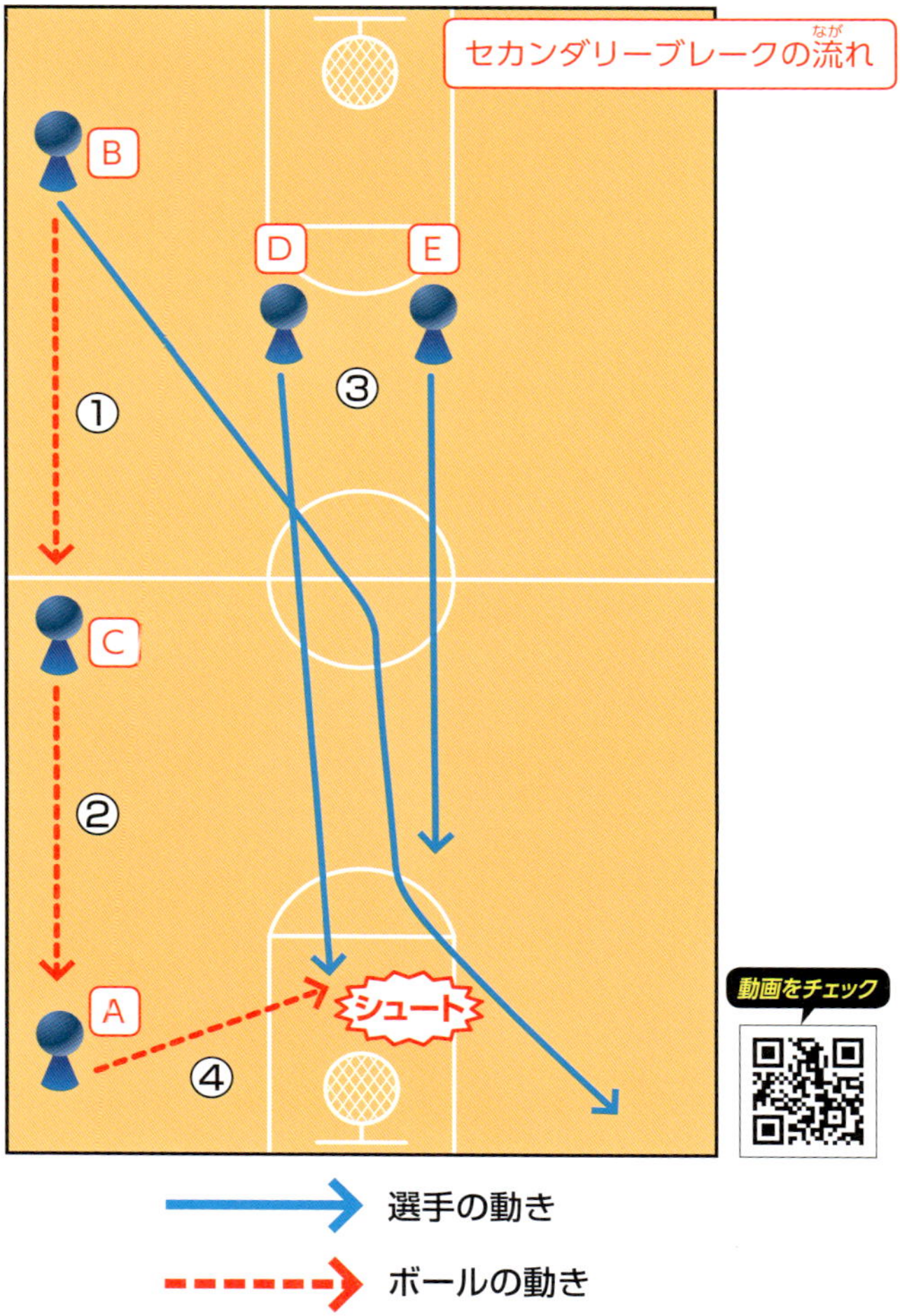

セカンダリーブレークの流《なが》れ
B
D
E
①
③
C
②
A
シュート
④
選手の動き
ボールの動き

動画をチェック

①P122のファストブレークでパスがタテに一度《いちど》つながって、フロントコートに入《はい》った場面《ばめん》。

②コーナーAまでパスが通《とお》り、3人目《にんめ》となるBがゴール前《まえ》に入《はい》るもディフェンスにマークされ、最後《さいご》のパスが出《だ》せない。

③バックコートにいた残《のこ》り2人《り》のD・Eが、遅《おく》れてフロントコートに入《はい》る。まだディフェンスは完全《かんぜん》に整《ととの》っていない状況《じょうきょう》なので、スペースのある位置《いち》に走《はし》り込《こ》む。

④2人《り》のうちパスできるDにコーナーからパスし、素早《すばや》くシュートしてゴールを狙《ねら》う。

コツ! バックコートからボールを追《お》いかける

ファストブレークはアウトサイドの3人《にん》で行《おこな》うが、インサイドの2人《り》も後《うし》ろから追《お》いかける。この動《うご》きによって、セカンダリーブレークをしかけることが可能《かのう》になり、チャンスが広《ひろ》がる。

コツ! スペースに入《はい》ってシュートする

ファストブレークを防《ふせ》がれたとしても、ディフェンスは速《はや》い攻撃《こうげき》に完全《かんぜん》には対応《たいおう》し切《き》れない。まだフォーメーションが整《ととの》っていない状況《じょうきょう》なので、つけいるスキがある。後《うし》ろからスペースに入《はい》り込《こ》み、パスを受《う》けてシュートする。

遅《おく》れてバックコートに入《はい》りパスを受《う》けてシュート

セカンダリーブレークは、ファストブレークでゴール前《まえ》に入《はい》ってシュートを狙《ねら》う3人目《にんめ》の選手《せんしゅ》にパスが出《だ》せなかった場面《ばめん》で繰《く》り出《だ》す第二次攻撃《だいにじこうげき》です。バックコートの2人《り》が遅《おく》れてフロントコートに入《はい》り、そのうちの1人《り》がパスを受《う》けてシュートします。

ただまっすぐゴールへ進《すす》むのではなく、スペースを探《さが》して入《はい》ることがポイントです。シュートすることが可能《かのう》で、なおかつボールマンからパスを受《う》けられる位置《いち》を状況判断《じょうきょうはんだん》して見《み》つけましょう。なお、パスを受《う》けられなかった3人目《にんめ》の選手《せんしゅ》は、スペースを作《つく》るためにそのままコーナーまで走《はし》り抜《ぬ》けて、ディフェンスを外《そと》に釣《つ》り出《だ》します。

監《かん》 修《しゅう》 者《しゃ》

小鷹《こたか》 勝義《かつよし》

1955年《ねん》生《う》まれ。東京都《とうきょうと》出身《しゅっしん》。私立京北高校《しりつけいほくこうこう》(東京都《とうきょうと》)でインターハイ優勝《ゆうしょう》を経験《けいけん》し、実業団《じつぎょうだん》を経《へ》て1993年《ねん》に千葉県市川市《ちばけんいちかわし》の中山《なかやま》MBC男子《だんし》チーム監督《かんとく》に就任《しゅうにん》。1994年《ねん》より男女監督《だんじょかんとく》として現在《げんざい》まで指導《しどう》し、全国大会優勝《ぜんこくたいかいゆうしょう》2回《かい》、準優勝《じゅんゆうしょう》1回《かい》の好成績《こうせいせき》を残《のこ》す全国屈指《ぜんこくくっし》のチームへと導《みちび》く。技術《ぎじゅつ》、理論《りろん》を子《こ》どもたちにわかりやすく伝《つた》える指導《しどう》に定評《ていひょう》があり、元女子日本代表《もとじょしにほんだいひょう》の吉田亜沙美《よしだあさみ》や藤岡麻菜美《ふじおかまなみ》を指導《しどう》するなど名選手《めいせんしゅ》を数多《かずおお》く輩出《はいしゅつ》している。GANBAX BSによるバスケットボールスクール(B.B.S)の塾長《じゅくちょう》も務《つと》め、全国各地《ぜんこくかくち》でジュニアプレーヤーの育成《いくせい》に力《ちから》を注《そそ》いでいる。

以下《いか》のURLより動画《どうが》の一覧《いちらん》を確認《かくにん》できます

https://gig-sports.com/category/mbo/